Raimundo Lúlio

Livro das Bestas

Ramon Llull
(Raimundo Lúlio)

Livro das Bestas

TEXTO INTEGRAL

Tradução
Ricardo da Costa

e Grupo I de Pesquisas Medievais da Ufes
(Bruno Oliveira, Eliane Ventorim e Priscilla Lauret)

Av. Profª Ida Kolb, 551 – Casa Verde
CEP 02518-000 – São Paulo – SP
Tel.: (11) 3855-2100
Fax: (11) 3857-9643
Internet: www.escala.com.br
E-mail: escala@escala.com.br
Caixa Postal: 16.381
CEP 02599-970 – São Paulo – SP

Raimundo Lúlio
Livro das Bestas
Título Original Catalão
Llibre de Les Bèsties

Diagramação: Andrea Domingues de Oliveira
Revisão: Esteve Jaulent
Capa: Giliard Andrade e Tyago Bonifácio da Silva
Colaborador: Luciano Oliveira Dias
Coordenação Editorial: Ciro Mioranza

Coleção Grandes Obras do Pensamento Universal

1 – Assim Falava Zaratustra – *Nietzsche*
2 – A Origem da Família, da Propriedade Privada e do Estado – *Engels*
3 – Elogio da Loucura – *Erasmo de Rotterdam*
4 – A República (parte I) – *Platão*
5 – A República (parte II) – *Platão*
6 – As Paixões da Alma – *Descartes*
7 – A Origem da Desigualdade entre os Homens – *Rousseau*
8 – A Arte da Guerra – *Maquiavel*
9 – Utopia – *Thomas More*
10 – Discurso do Método – *Descartes*
11 – Monarquia – *Dante Alighieri*
12 – O Príncipe – *Maquiavel*
13 – O Contrato Social – *Rousseau*
14 – Banquete – *Dante Alighieri*
15 – A Religião nos Limites da Simples Razão – *Kant*
16 – A Política – *Aristóteles*
17 – Cândido ou o Otimismo – O Ingênuo – *Voltaire*
18 – Reorganizar a Sociedade – *Comte*
19 – A Perfeita Mulher Casada – *Luis de León*
20 – A Genealogia da Moral – *Nietzsche*
21 – Reflexões Sobre a Vaidade dos Homens – *Mathias Aires*
22 – De Pueris – A Civilidade Pueril – *Erasmo de Rotterdam*
23 – Caracteres – *La Bruyère*
24 – Tratado Sobre a Tolerância – *Voltaire*
25 – Investigação Sobre o Entendimento Humano – *David Hume*
26 – A Dignidade do Homem – *Pico della Miràndola*
27 – Os Sonhos – *Quevedo*
28 – Crepúsculo dos Ídolos – *Nietzsche*
29 – Zadig ou o Destino – *Voltaire*

31 – Além do Bem e do Mal – *Nietzsche*
32 – A Princesa de Babilônia – *Voltaire*
33 – A Origem das Espécies (Tomo I) – *Darwin*
34 – A Origem das Espécies (Tomo II) – *Darwin*
35 – A Origem das Espécies (Tomo III) – *Darwin*
36 – Solilóquios – *Santo Agostinho*
37 – Livro do Amigo e do Amado – *Lúlio*
38 – Fábulas – *Fedro*
39 – A sujeição das Mulheres – *Stuart Mill*
40 – O Sobrinho de Rameau – *Diderot*
41 – O Diabo Coxo – *Guevara*
42 – Humano, Demasiado Humano – *Nietzsche*
43 – A Vida Feliz – *Sêneca*
44 – Ensaio Sobre a Liberdade – *Stuart Mill*
45 – A Gaia Ciência – *Nietzsche*
46 – Cartas Persas I – *Montesquieu*
47 – Cartas Persas II – *Montesquieu*
48 – Princípios do Conhecimento Humano – *Berkeley*
49 – O Ateu e o Sábio – *Voltaire*
50 – Livro das Bestas – *Lúlio*
51 – A Hora de Todos – *Quevedo*

Futuros Lançamentos:

- Dicionário Filosófico – *Voltaire*
- Filosofia da Miséria – *Proudhon*
- A Miséria da Filosofia – *K. Marx*
- A Crítica da Razão Pura – *I. Kant*
- A Cidade do Sol – *Campanella*
- Dos Delitos e das Penas – *Beccaria*
- Aurora – *Nietzsche*
- Ecce Homo – *Nietzsche*
- Paradoxo Sobre o Comediante – *Diderot*

ÍNDICE

Apresentação - .... - 9
Vida do Autor - .... - 15
Introdução - .... - 19
Agradecimento - .... - 29
O Livro das Maravilhas (1288-1289)
Começa o Sétimo Livro, das Bestas - .... - 31
I – Da Eleição do Rei - .... - 35
II – Do Conselho do rei - .... - 41
III – Da Traição que Dona Raposa Armou Contra o Rei - ...... - 45
IV – Como Dona Raposa Tornou-se Porteira da Câmara Real - ... - 51
V – Dos Mensageiros que o Leão Enviou ao Rei dos Homens - ... - 63
VI – Do combate do Leopardo e da Onça - .... - 75
VII – Da Morte de Dona Raposa - .... - 85
Lista de Siglas das Publicações e Fontes Lulianas - .... - 89
Fontes - .... - 90
Bibliografia - .... - 91

APRESENTAÇÃO

O **Livro das Bestas**, um dos melhores textos da prosa catalã medieval, é uma crua e inteligente alegoria, de valor universal, sobre a humanidade. Escrito antes de 1286, Lúlio posteriormente o inseriu no **Felix, o Livro das Maravilhas do Mundo**, uma enciclopédica novela filosófica que narra as aventuras de Félix, um andarilho cujo ofício era "maravilhar-se com as maravilhas do universo" e que aparece na Introdução do **Livro das Bestas**, quando se dirige para o local onde alguns animais selvagens procuravam escolher seu rei.

Lúlio mistura seres humanos e animais e personifica estes últimos, como nas fábulas clássicas. Mas a crítica aos humanos e seus costumes atinge níveis insuspeitados graças ao espelho do comportamento animal.

A obra apresenta diversos temas: a descrição da sociedade feudal, o efeito das paixões humanas na prática política, a luta entre o bem e o mal e as reformas necessárias para atingir-se o ideal. Servindo-se precisamente do simbolismo das bestas, Lúlio faz desfilar perante o leitor a intriga, a ideologia, o adultério, a mentira, enfim, todas as mazelas que amargam a sociedade dos homens quando estes, incoerentes com a sua condição racional, deixam-se subjugar pela sensibilidade cega.

A pesar das aparentes diferenças que obviamente se dão entre as bestas, o leitor dá-se conta de que, no fundo, transpira um clima de chocante igualdade nas suas atitudes. As diferenças que o texto vai apontando – os grupos dos herbívoros e dos carnívoros, o poder do rei Leão, a astúcia da Raposa, etc. – ganham força mais pela versão do próprio texto que pelo que elas são em si mesmas. Ideologias, credos, classes e funções sociais, não chegam a ter no texto força suficiente para estratificar a sociedade dos animais, símbolo da sociedade humana. O leitor logo se dá conta de que as bestas são uns pobres seres sujeitos às paixões mais vis e, destarte, torna-se-lhe evidente que o livro que tem nas mãos trata, sim, de realidades bem mais profundas, situadas nos bastidores da vida social, no próprio coração do homem. A indigência humana emerge com toda a sua força.

Em diversas passagens, Lúlio abandona parcialmente a ficção animal e coloca na boca dos animais exemplos da vida humana. Dessa forma, a fábula animal inverte-se e o leitor é obrigado a avançar ao contrapasso.

Como em todas as obras do mestre maiorquino, a inteligência do leitor é constantemente posta à prova, uma vez que terá de realizar sozinho o trabalho de extrair de cada exemplo particular a lição universal que encerra e que, ao fim das contas, construirá o fio medular da narrativa.

A originalidade desta pequena grande obra consiste na técnica do contraponto: trama narrativa entrelaçada por sugestivos exemplos. Lúlio tirou alguns deles da fabularia oriental, principalmente do **Livro de Kalia e Dimna**, mais conhecido sob o nome de **Fábulas de Pilpai (ou Bidpaí)**[1]. Outros são frutos exclusivos da fértil criatividade do próprio autor.

Numa prosa regular e equilibrada, encaixam-se, a modo de curtas paradas para o descanso do leitor, pequenos contos que despertam sua intriga. Já no primeiro capítulo, para dar um exemplo, a narrativa da eleição do rei dos animais interrompe-se bruscamente, pois a Raposa percebe que o Urso, o Leopardo e a Onça, que esperavam ser eleitos, pedem que se prolongue a sessão o tempo necessário para poder-se determinar o animal mais digno de ser rei. A Raposa, adivinhando as suas intenções, conta uma história paralela, a eleição de um bispo cuja decisão também se demorava. O surpreendente é que um dos cônegos, que também desejava ser bispo, retorna à ficção animal com estas palavras:

— Se o Leão se torna rei e o Urso, a Onça e o Leopardo se opõem à sua eleição, serão para sempre malquistos pelo rei. Se, porém, o Cavalo se torna rei, e o Leão lhe fizer alguma ofensa, como poderá ele se vingar não sendo animal tão forte quanto o Leão?

....
(1) Cf. Armand Llinarés, Ramon Llull, Edicions 62, Barcelona, 1987, pág. 241, nota 156.

Belo estratagema literário que devolve o leitor para a ficção animal, da qual quase não teve tempo de sair, por ser a Raposa a narradora da história da eleição do bispo.

Após este episódio introdutório, o texto apresentará em sete curtos capítulos as dificuldades que o rei Leão encontra no seu governo. O primeiro capítulo trata da eleição do rei e o segundo da escolha do Conselho do Reino. Logo o leitor compreende que governar não é apenas uma questão de credibilidade popular, nem um tema vinculado à origem da investidura.

Inicialmente, carnívoros e herbívoros distribuem-se em dois grupos antagônicos que, muito embora se apresentem como portadores de ideologias diferentes têm uma clara origem visceral. É o fisiologismo, que tão inteligentemente a astuta Raposa saberá manipular para obter seus mesquinhos objetivos. Surpreende ver como a traição impregna todos os movimentos desse perigoso animal. No final, sempre por meios escusos, conseguirá ser a porteira da Câmara real, na época um alto cargo que conferia muito poder ao seu titular, pois além de ter sob seu controle a agenda do rei, os porteiros eram também seus cobradores, tendo autoridade para citar e até penhorar os bens dos devedores do reino[2].

Uma embaixada do rei dos animais ao rei dos homens revela, com certa amargura, mas de um modo muito claro, a natureza egoísta destes últimos. O Leopardo, embaixador da comitiva, depois de ter-se estarrecido com as arbitrariedades do rei dos homens, afirma de si mesmo que "preferia ser um animal irracional – embora desse modo nada restasse de si depois de morto – a ser um rei dos homens, com tanta culpa quanta acarretaria o mal que se seguiria da maldade do rei"[3].

O adultério que o Leão comete com a Leoparda durante a ausência do Leopardo tem como conseqüência um angustiante combate entre a Onça, a defender o rei, e o Leopardo, humilhado. Esta luta é outro simbolismo universal evidenciado pela resposta da Serpente à pergunta do Galo sobre quem havia de vencer o combate. Responde o Galo:

....
(2) Cf. Antonio de Moraes Silva, *Diccionario da Lingua Portuguesa*, Typ.Lacérdina, Lisboa, 1813 vol.II págs. 475 e 476.
(3) Cf. infra, pág. 76

— Fez-se o combate para que a verdade confunda e destrua a falsidade. Deus é a verdade. Todo aquele que sustenta a falsidade luta contra Deus e contra a verdade[4].

Lúlio fecha este episódio com uma conclusão que respeita a liberdade humana e que, ao mesmo tempo, é de um realismo assustador: o Leopardo, sustentado pelo ódio ao rei e confiante na sua boa razão, mata a Onça, obrigando-a a dizer antes, diante de toda a corte, que o rei, seu senhor, era falso e traidor. A seguir, o Leão, tomado de vergonha e embaraço, cheio de ódio, mata por sua vez o Leopardo, já exausto e incapaz de defender-se.

Finalmente, após algumas outras peripécias, a paz volta ao reino dos animais e a sua manutenção fica garantida mediante mudanças no Conselho do reino.

Todo o livro é um profundo tratado sobre as paixões humanas, essas forças, boas ou más conforme as circunstâncias, com as quais os homens realizam suas ações. As paixões más, segundo Lúlio, afligem e tiram lucidez, as boas fortalecem e aguçam a inteligência.

Não é, pois, mera casualidade que o **Livro das Bestas** termine com um grande urro do Leão. Representa o poder da força quando é bem usada. É o único recurso que lhe resta ao Rei para conhecer a verdade do que lhe diz a Raposa: que ela não era traidora, e a prova disso seria o testemunho do Coelho e o Pavão. Às palavras da Raposa, o rei lançou um olhar terrível ao Coelho e ao Pavão, dando um urro fortíssimo. Este urro, planejado e refletido pelo Leão, simboliza o sentimento, ou paixão, regulado pela virtude racional, e já com poder de deslocar o medo que o Coelho e o Pavão sentiam perante a Raposa para o Leão; isto é, retifica o sentimento de medo – o medo ruim, o medo de dizer a verdade, troca-se por causa do urro em medo bom, o medo de mentir –, produzindo-se assim o triunfo da verdade.

Talvez a intenção inicial de Lúlio fosse escrever um manual para os príncipes, que resumisse as qualidades que o governante deve possuir, e as precauções que deve tomar, para exercer com sucesso o seu poder. As palavras com que o livro termina permitem esta suposição: "Assim acaba

---

(4)Cf. infra, pág. 80.

o **Livro das Bestas** que Félix levou ao rei – a crítica concorda em que este rei é Felipe IV da França – para que ele, olhando o que fazem os animais, visse como deve reinar e como pode guardar-se dos maus conselhos e dos homens falsos".

Esteve Jaulent

Vida do Autor

Raimundo Lúlio, Llull em catalão, nasceu na ilha de Maiorca em 1232. A sua família, da nobreza barcelonesa, havia participado do lado do rei Jaume I de Aragão e Catalunha, da reconquista da ilha, onde se instalaram definitivamente. Apesar de casado e pai de dois filhos, levou uma vida dissipada até a idade de trinta anos, quando em razão de umas visões, converte-se e reforma a sua vida.

O servidor dos sete pecados capitais, como ele se autodefine, transforma-se em um pregador infatigável do cristianismo entre os infiéis. Abandonando família e patrimônio, peregrina até Santiago de Compostela e Rocamador. À sua volta, e durante muitos anos, dedica-se ao estudo do latim, do árabe, da filosofia antiga e da teologia cristã e muçulmana.

Após este período de formação, retira-se para meditar e recebe uma "iluminação divina" que lhe inspira a sua "Arte de encontrar a verdade" e de refutar os erros dos infiéis. Este acontecimento, fundamental para entender a vida de Lúlio, lha valerá o título de "Doutor iluminado".

A partir de então, sua atividade torna-se vertiginosa. Em 1275, obtém do infante Jaume, futuro Jaume II de Maiorca, então residindo em Montpellier – cidade que pertencia à coroa catalã –, e do qual Lúlio fora senescal, autorização e ajuda para fundar um mosteiro em Miramar, Maiorca. Treze monges franciscanos estudaram lá as línguas orientais com fins apologéticos e missionários.

Depois, pôs-se a percorrer os países mediterrâneos e africanos, pregou em terras muçulmanas, encontra papas e reis, vai às grandes universidades a fim de expor suas teorias, seus projetos de fundações, de reformas e de cruzadas. Escreveu, estudou, ensina e polemiza, sobretudo nas universidades de Montpellier, Nápoles e Paris.

Em 1311 participa do Concílio de Vienne, na França do Delfinado, convocado por Clemente V, sendo alguns de seus projetos reconhecidos oficialmente. Foi a caminho do concílio que escreveu seu poema *Lo consili*, com mil e duzentos versos, e sua *Disputatio clerici et Raymundi phantastici* na qual resume assim a sua vida: "Trabalhei durante quarenta e cinco anos incitando os governantes da Igreja e os príncipes cristãos ao bem público. Agora sou velho, sou pobre; mas persevero no mesmo propósito, e com a graça de Deus, nele me manterei até a morte".

Enfermo, não desistiu de suas viagens, suas pregações e seus escritos. Foi lapidado diversas vezes na África, e morreu, cinco anos depois de ter pronunciado essas palavras, perto de sua ilha natal em 1316, com 84 anos de idade.

Esteve Jaulent
Instituto Brasileiro de Filosofia e Ciência
"Raimundo Lúlio" (Ramon Llull)

LIVRO DAS BESTAS

Introdução

Ricardo da Costa (UFES)

Exemplo notável da tradição dos bestiários medievais, o *Livro das Bestas* faz parte de uma obra maior de nome *Fèlix, ou Livro das Maravilhas*.[5] Trata-se do primeiro esboço na Europa medieval de uma novela filosófico-social.[6] A obra foi escrita em Paris em 1288-1289, durante a primeira visita de Ramon Llull àquela cidade.

Ao chegar a Paris, com cerca de 54 anos, a visão de Llull sobre o rei e a monarquia de seu tempo já estava fortemente consolidada, e é pouco provável que a corte de Filipe, o Belo, tenha alterado substancialmente sua visão política forjada em seus anos de formação em Maiorca e Aragão. Por outro lado, a redação do Livro das Maravilhas se insere num momento especial da vida de Ramon: o ano de 1287 é considerado o ano de sua entrada na cena política européia, quando visita (inutilmente) a cúria romana – o papa Honório IV (1285-1287) acabara de falecer – e a corte de Filipe, o Belo, em Paris, saindo de seu mundo mediterrâneo de Maiorca e adjacências. Até então, Ramon tinha ido somente a Montpellier (1274-1275), como foi visto, para atender a um chamado de Jaime II de Maiorca para que seus livros fossem analisados por um frei menor mestre em teologia.

---

(5) Publicado em OS, vol. II, p. 07-393. O Livro das Bestas corresponde às páginas 125-162.
(6) Tomás y Joaquín CARRERAS Y ARTAU, *Historia de la Filosofía Española. Filosofía cristiana de los siglos XIII al XV*, p. 630.

Além de ir a Paris para ler sua Arte na Universidade, Llull procurou esta aproximação com Filipe, o Belo, provavelmente com o objetivo de convencê-lo (sem sucesso) a fundar escolas na França que ensinassem línguas orientais a missionários à semelhança de Miramar, como havia tentado na cúria romana um ano antes.

Isto está claro em três cartas de Ramon a Filipe, o Belo, à Universidade de Paris e a um prelado desconhecido, datadas de 1287-1289, em que sua petição – escrita num latim elegante (o que indica que provavelmente solicitou os préstimos de um latinista parisiense, já que sabia que seu latim não era bom) – corresponde à seguinte passagem autobiográfica no Livro das Maravilhas:

Filho, disse o ermitão, um homem que durante muito tempo havia trabalhado para a utilidade da Igreja Romana, veio a Paris e disse ao rei da França e à Universidade de Paris que fossem feitos monastérios onde fossem ensinadas as línguas daqueles que são infiéis, e que nestas línguas fossem traduzidas a Arte Demonstrativa e que com aquela Arte Demonstrativa homens fossem aos tártaros e que aqueles homens pregassem e mostrassem a eles a Arte, e que aqueles homens (tártaros) fossem a Paris e que mostrássemos e transmitíssemos a nossa língua e a nossa escrita a eles antes que retornassem à sua terra.

Todas estas coisas e muitas outras solicitou este homem ao rei e à Universidade de Paris, e que fosse confirmada pelo santo apóstolo e fosse uma obra perdurável. Por esta maneira, filho, se poderia crescer a fé romana, porque converteríamos os tártaros e aqueles da Licônia[7] e outros gentios, e aqueles destruiriam os sarracenos, e assim, pela via do martírio e pela grandeza da caridade, todo o mundo poderia ser dado à cristandade.

Ramon menciona os tártaros (mongóis) porque neste período, com o fim das cruzadas na Palestina em 1291, existia uma intensa atividade diplomática entre os reinos europeus e o grande Khã mongol da Pérsia (também com os tártaros), que possuía então uma simpatia pelo cristianismo.[8]

---

(7) Licônia (atualmente Konya, na Ásia Menor). Provavelmente Ramon Llull se refere aos turcos seldjúcidas, que então estavam como um protetorado do Grande Khã mongol da Pérsia.
(8) Para toda essa atividade diplomática ver Ricardo GARCIA VILLOSLADA, *Historia de la Iglesia Católica II. Edad Media* (800-1303), p. 547-552.

Esta possível aliança mongol com os reinos cristãos tinha o objetivo político de expulsar os mamelucos egípcios da Síria e da Palestina. Toda esta atividade diplomática suscitava o interesse de Ramon Llull pelo fato de estar contida em sua proposta de conversão dos infiéis.

Esta passagem explica muito a respeito da reforma social luliana. Para ele, o mundo só poderia ser reformado se, por um lado (o da cristandade), os fiéis fossem educados na religião (a começar pelos príncipes): por outro, os infiéis fossem convertidos, pelo diálogo, pela razão.

O projeto de reforma social luliana[9]

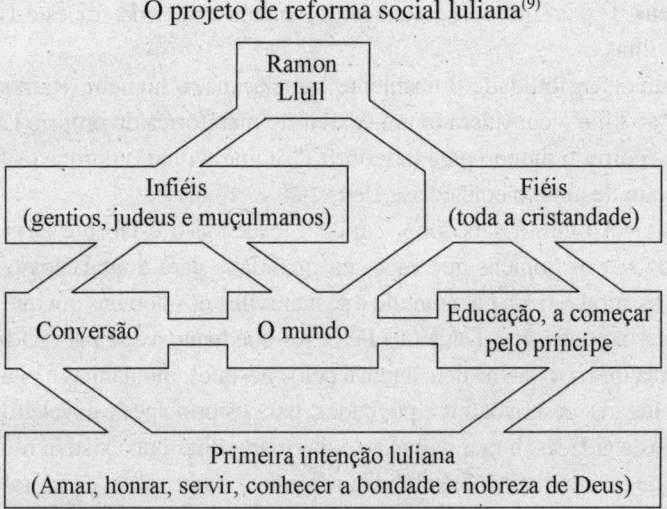

Assim, o *Livro das Maravilhas* se insere num novo contexto político: a corte parisiense de Filipe, o Belo e a própria Universidade de Paris, onde Llull leu sua Arte pela primeira vez para um público "internacional" de estudantes e doutores de diversas "nações". Contudo, por problemas de comunicação em sua exposição ("sua maneira arábica de falar") esta tentativa de divulgar sua Arte em Paris foi um fracasso, à semelhança de sua estada em Roma pouco antes.[10]

---

(9) Agradeço ao Prof. Dr. Guilherme Pereira das Neves (Uff) pela percepção do sentido da reforma cristã luliana.
(10) Vida Coetânia, 18, 19.

O prólogo do *Livro das Maravilhas*, como o da *Árvore da Ciência*, é autobiográfico, num tom lamurioso, e explica as circunstâncias da redação da obra – uma das características do pensamento luliano[11]. Ramon, numa estranha terra (todos os especialistas estão de acordo que se trata de Paris), chora e se lamenta que tão poucos adorem a Deus:

Em tristeza e em fraqueza[12] estava um homem em estranha terra. Fortemente se maravilhava das gentes deste mundo como tão pouco conheciam e amavam a Deus (...) Este homem chorava e se compadecia como neste mundo existem tão poucos amantes e servidores e louvadores de Deus. E para que fosse conhecido, amado e servido fez este Livro de maravilhas...

Numa sensibilidade tipicamente franciscana, o homem (Ramon) pede então ao filho – considerado uma extensão metafórica do próprio Llull[13] – que vá correr o mundo para descobrir ("se maravilhar") porque os homens cessaram de amar e conhecer a Deus:

Amável filho, a sabedoria, caridade e devoção estão quase mortas, e poucos são os homens que estão na finalidade para a qual Nosso Senhor Deus os criou (...) Vá pelo mundo e se maravilhe dos homens por que cessam de amar e conhecer a Deus (...) Fèlix foi obediente a seu pai (...) E com a doutrina que seu pai lhe deu, andava pelos bosques, montanhas e planícies, e pelos lugares despovoados e povoados, para os príncipes e cavaleiros, pelos castelos e cidades; e maravilhava-se das maravilhas que existem no mundo, e perguntava o que não entendia, e recontava o que sabia, e em trabalhos e perigos se metia para que fosse feita reverência e honra a Deus.

Fèlix é uma novela de crítica social. De intenção reformista, didática e moral, não possui os objetivos de conversão tão próprios do pensamento luliano, pois foi escrita para o próprio mundo cristão.

E exatamente por apontar criticamente para as instituições existentes e para os ofícios daqueles que possuíam as rédeas do poder (príncipes, prelados e ricos burgueses), a obra possui um "ar áspero e contracultural"[14].

....

(11) Miquel BATLLORI, *"Introducció"*, OE, vol. I, p. 313.
(12) *Languiment* = de uma maneira débil, fraco.
(13) Ver Miquel BATLLORI, *"Introducció"*, OE, vol. I, p. 312.
(14) Antoni BONNER, *"Introducció"*, OS, vol. II, p. 10.

Como a *Árvore da Ciência*, o conteúdo de *Fèlix* é enciclopédico, incluindo todo o universo medieval. Os temas de seus dez livros o indicam: 1. Deus, 2. Anjos, 3. Céu, 4. Os elementos, 5. As plantas, 6. Os metais, 7. As bestas, 8. O homem[15], 9. Paraíso, 10. Inferno.[16] O objetivo da obra é claro: que Deus seja conhecido, amado e servido. Assim, Ramon deseja que o homem ao ler *Fèlix* tenha sua alma salva[17]. Como já foi visto, o ato de maravilhar-se é a forma luliana de contemplação do mundo, ao lado da meditação solitária tipicamente medieval, uma "evasão metafísica e transcendental do mundo real"[18].

O capítulo 7 (Das Bestas) do *Livro das Maravilhas* é como que um corpo estranho na obra[19]. Depois de ter tratado das plantas (Livro 5) e dos metais (Livro 6), Ramon passa a falar dos animais. Mas ao invés de prosseguir na forma expositiva anterior, Llull inova na forma de exposição e tira Fèlix de seu papel de protagonista (do viajante que se maravilha) para colocá-lo ao lado do leitor, na qualidade de observador da história e mesmo de aprendiz[20].

Assim, intercala um episódio novelesco no qual as bestas atuam segundo a psicologia que a cada uma delas é atribuída no fabulário medieval[21]: o mundo dos animais – simbolizado na corte do rei Leão – passa a ser uma caricatura do mundo dos homens[22], e seus símbolos zoomórficos, metáforas das paixões humanas[23].

Para o homem medieval, tanto a natureza como o mundo animal eram um reflexo *(speculum)* do universo humano, especialmente da moral[24]: o

---

(15) Este capítulo ocupa quase 60% de toda a novela.
(16) OS, vol. II, p. 19.
(17) Antoni BONNER, "Introducció", OS, vol. II, p. 12.
(18) Miquel BATLLORI, "Introducció", OE, vol. I, p. 311.
(19) A datação da obra é motivo de discussão entre os especialistas: cogita-se que tenha sido escrita antes do Fèlix (antes de março de 1286) e incluída posteriormente. Para essa hipótese ver M. BATLLORI, "Introducció", OE, vol. I, p. 314. Para a refutação, ver J. DAGENAIS, "New considerations on the Date and Composition of Llull's Libre de bèsties", *Actes del Segon Col.loqui d'Estudis Catalans a Nord-Amèrica,* Yale, 1979 (Montserrat, 1982), p. 131-139.
(20) Anthony BONNER I Lola BADIA, Ramon Llull. Vida, pensament i obra literària, p. 179.
(21) Para uma análise do comportamento que os medievos catalães atribuíam a cada a animal, ver *Bestiaris* (org. por Saverio PANUNZIO), Barcelona, Editorial Barcino, 1963, 02 volumes, especialmente as páginas 73-76, vol. I ("De la natura del leó") e vol. II, p. 41-44 ("Dell leó") e 116 ("Lleó").
(22) J. RUBIÓ I BALAGUER, *Ramon Llull i el lul.lisme*, p. 317.
(23) M. BATLLORI, "Introducció", OE, vol. I, p. 314.
(24) I. MALAXECHEVERRÍA, *Fauna Fantastica de la Peninsula Iberica*, San Sebastian, KRISELU Editor, 1991.

mundo do homem era reflexo do mundo divino; o mundo dos animais reflexo do mundo dos homens. Assim, Ramon se vale novamente da sua concepção de espelho e reflexo para tratar das virtudes e vícios humanos, no caso aqui, através do mundo animal, do rei Leão e dos membros de sua corte.

A história é bastante simples: Ramon conta a tentativa da raposa Na Renard — protagonista da história; através dela são contados mais de 50% dos exempla do livro[25] — de subverter a ordem estabelecida no reino e suplantar o rei Leão através de uma série de maquinações. Mas para Ramon, a raposa não possui este direito: é uma besta pequena e pouco nobre para tal ambição.

Assim, apesar de conseguir eliminar uma série de rivais (até mesmo o Boi) com sua perfídia – além de aterrorizar outros tantos – quando está a ponto de conseguir seu objetivo e atentar contra a vida do rei Leão, o Elefante e o Javali fazem com que o espírito de fidelidade medieval triunfe, e a raposa sucumbe pelas mãos do próprio rei Leão, que no fim dá um urro, metáfora da libertação de sua má influência.

Logo em seu primeiro capítulo, Llull trata da eleição do rei. Sua teoria de pacto social se baseia no critério de elegibilidade do rei entre seus pares[26]. Provavelmente, Ramon se vale do modelo imperial para construir sua assembléia utópica de bestas.

Existem várias influências muçulmanas na obra que já foram mapeadas pelos especialistas. Com exceção do nome e caráter do protagonista (Na Renard) — retirado do Roman de Raposa francês — todo o conteúdo da obra é de origem oriental, uma das poucas vezes em que Ramon Llull utiliza quase que explicitamente um material literário preexistente[27] (curiosamente, Ramon coloca Renard no feminino [Na Raposa], ao contrário do Roman de Renard francês, onde a raposa é um protagonista masculino, o que dá ao personagem um cunho todo pessoal, além, é claro, de associar o feminino ao subversivo).

No caso do Roman de Renard, Ramon pode ter conhecido esta obra através da cultura jogralesca. Das influências arábicas, a principal delas é o conto *Kalila*

---

(25) P. RAMIS I SERRA, "Llibre de les Bèsties: El Príncipe y la sociedad", EL, vol. XXXI, 1991, p. 154.
(26) Antonio MONSERRAT QUINTANA, *La visión luliana del mundo del derecho,* p. 150.
(27) A. BONNER, "Introducció", OS, vol. II, p. 13.

e Dimna, uma versão arábica que chegou à Europa medieval do *Panxatandra* indiano[28]. Ramon pode ter conhecido duas versões desta história.

Em 1251, *Kalila e Dimna* foi traduzido para o castelhano por ordem do então infante Afonso, futuro Afonso X. Esta tradução castelhana foi presenteada à rainha Joana de França, esposa de Filipe, o Belo (que por sua vez encarregou Ramon de Bèziers de traduzi-la ao latim). Por sua vez, João de Cápua traduziu o *Kalila e Dimna* para o latim entre 1263 e 1278, dando-lhe o título de *Directorium humanae vitae*. Muito provavelmente, Ramon Llull teve contato com uma destas versões, possivelmente a latina de João de Cápua.[29]

No entanto, embora tenha se baseado em material já existente, Ramon o converteu em motivo para doutrinar moralmente o ambiente político monárquico de seu tempo, para servir de instrução aos reis. Vários *exempla* do bestiário medieval de *Kalila e Dimna* reaparecem narrativamente no *Livro das Bestas*: o leão e a lebre, o papagaio, o símio e o vaga-lume.

Exemplos originais de Ramon são: a eleição do rei e do bispo, o ermitão e o rei, o mau bispo, o burguês rico, e vários outros — como se vê, exemplos morais da corrupção dos costumes sociais. Mas mesmo os contos orientais recontados no *Livro das Bestas* possuem uma modulação nos diálogos inexistente no conto oriental, mais seco e esquemático[30].

Todos os exemplos narrados no *Livro das Bestas* possuem o mesmo sentido moralizante: que a perversidade da raposa (o homem que se corrompe com a proximidade do poder) sirva de exemplo para que os reis estejam alertas contra seus conselheiros.[31] Esta é a moral da história: o rei deve se guardar dos maus conselheiros.

Apesar de ser uma crítica dura contra os vícios de sua sociedade[32]

....

(28) Outra referência muçulmana encontrada é a obra *Rasa'il* (Epístolas), dos Irmãos da Pureza Muçulmana, uma obra enciclopédica que possuía um apêndice sobre uma disputa entre o homem e os animais. Ver J. DAGENAIS, "New considerations on the Date and Composition of Llull's Libre de bèsties", em *Actes del Segon Col.loqui d'Estudis Catalans a Nord-Amèrica*, op. cit., p. 131-139.
(29) Jordi RUBIÓ I BALAGUER, *Ramon Llull i el lul.lisme*, p. 320.
(30) Jordi RUBIÓ I BALAGUER, *Ramon Llull i el lul.lisme*, p. 321.
(31) Voltarei à questão do exemplo como uma forma de doutrinamento na filosofia luliana e na pregação medieval como um todo quando tratarmos das árvores Exemplifical e Questional. No momento, basta afirmar que o *Livro das Bestas* é todo um texto de exemplos.
(32) "Unes vegades són el lleopard i l'onça, ambaixadors del lleó, els que se senten sorpresos de la immoralitat

– especialmente da vida e cultura palacianas – o pensamento político de Ramon exposto no *Livro das Bestas* não é uma sátira antifeudal[33], pelo contrário, está perfeitamente de acordo com o status quo vigente, exaltando a ordem hierárquica nobiliárquica. Os subversivos devem ter um castigo exemplar[34], e aqui, pelas mãos do próprio rei (o Leão).

Esta visão da sociedade por parte de Ramon mudará substancialmente mais tarde, quando o autor optará por ressaltar ao lado do príncipe as ordens sociais que estarão em um momento histórico ascencional. Por um lado, através do florescimento das cidades (por exemplo, os burgueses[35]). Por outro, na formação de um grupo de letrados, os intelectuais (que darão origem à burocracia nos nascentes "estados nacionais"[36]), como, por exemplo os juízes, inquiridores e advogados[37].

A confirmação que o *Livro das Bestas* é um manual político destinado à educação régia está em seu epílogo: "Está terminado o Livro das Bestas, no qual Fèlix deu a um rei para que tal visse a maneira segundo a qual, como fazem as bestas, é significado como o rei deve reinar e deixar-se guardar de malvado conselho e de falsos homens."

Pelo local e data de sua composição, existe uma unanimidade entre os especialistas: o *Livro das Bestas* é dedicado ao rei Filipe IV da França. Na época, o rei deveria ter uns vinte anos e Ramon provavelmente se sentia com liberdade para dar conselhos – principalmente pelo fato de Filipe ser

---

de la cort; d'altres és l'hostaler, o són els representants d'unes ciutats, els que es planyen de la inutilitat de les corts o dels abusos dels mals oficials del rei. La pintura és implacable, però no sembla reproduir una realitat concreta. És com una generalització sintètica dels vicis, i dels greuges que en derivaven, de la vida política dels temps..." — Jordi RUBIÓ I BALAGUER, *Ramon Llull i el lul.lisme*, p. 319.

(33) Jordi RUBIÓ I BALAGUER, *Ramon Llull i el lul.lisme*, p. 320.

(34) A. BONNER I L. BADIA, *Ramon Llull. Vida, pensament i obra literària*, p. 180.

(35) "Mais do que o número de habitantes, o que conta é o espírito dinâmico das cidades, a sua maneira de viver." — Robert LOPEZ, *O nascimento da Europa*, p. 263.

(36) Álvaro SANTAMARÍA, "Creacion de la corona de Mallorca: las disposiciones testamentarias de Jaime I", Mayurqa 19, p. 134.

(37) O conceito de burocracia foi maravilhosamente estudado por Max Weber, que o definiu como um sistema impessoal (com uma separação entre a esfera pública e privada), administrado por funcionários exclusivos e especialmente treinados para o cargo, nomeados por processos formais (tais como exames), organizados de uma forma hierárquica, usando registros escritos e funcionando com áreas fixas de jurisdição. Ver Max WEBER, *Economy and Society*, New York, 1968, 02 volumes (especialmente a parte 3, capítulo 6). "A tipologia de Weber é uma das contribuições mais importantes para a teoria da organização política depois da distinção que os gregos fizeram entre monarquia, aristocracia e democracia." – Peter BURKE, *Sociologia e História*, Lisboa, Edições Afrontamento, 1980, p. 66.

sobrinho de Jaime II de Maiorca, protetor de Ramon.

No entanto, no caso do mau conselheiro não se encontrou personagem histórico que correspondesse à Renard, pois todos os "maus conselheiros" de Filipe, o Belo (especialmente Guilherme de Nogaret [c. 1265-1313]) só adquiririam fama dez anos mais tarde[38]. Isto embora já Pierre Dubois (c. 1250 - c. 1320) tenha afirmado que Filipe era mal aconselhado[39].

No *Livro das Bestas* – em que pese seu suposto caráter de "corte francesa" – Ramon prossegue em sua construção da imagem do príncipe como vinha fazendo aleatoriamente nas outras obras antecedentes, onde se encontrava sob influência da casa real maiorquina.

No *Livro das Bestas*, o rei ocupa na terra o lugar de Deus. Seu primeiro dever é para com a paz e a justiça, e, sobretudo, por esse motivo, rei é imagem de Deus na terra. No entanto, o príncipe luliano está sujeito a maus conselheiros, fruto da corrupção humana. Ramon estenderá esta visão de homem corrompido (que no *Livro das Bestas* enfatiza a figura do mau conselheiro) ao próprio rei: ele deverá ter um confessor que será sua própria consciência, para que o reino se guarde de atitudes erradas por parte de seu príncipe.

---

(38) A. BONNER, "Introducció", OS, vol. II, p. 14. De origem plebéia, Guilherme de Nogaret foi professor de direito em Montpellier. Nomeado juiz-maior de Beaucaire e Nîmes em 1299, foi chamado para o conselho real por Filipe, o Belo e nomeado cavaleiro. Em 1303, participou da prisão do papa Bonifácio VIII (o chamado atentado de Anagni), e dos templários na França. Ver R. PERNOUD, *Os templários*, Lisboa, Publicações Europa-América, s/d, p. 129. Nogaret é sempre lembrado pelos historiadores por sua crueldade, desumanidade e cega devoção à monarquia francesa. Ver R. HOLTZMANN, *Wilhelm von Nogaret, Rat und Grossiegelbewahrer Philipps des Schönen von Frankreich*, Freiburg, 1898. "Para decirlo todo, dudo de la sinceridad de Felipe el Hermoso en esta cuestión. Y no creo en absoluto en la de Nogaret y Plaisians. Se trata de fanáticos, cierto, pero del Estado, no de Dios." — A. DEMURGER, *Auge y caída de los Templarios* (1118-1314), Barcelona, Ediciones Martínez Roca, 1986, p. 286. Georges Duby é um dos poucos historiadores que possui uma opinião mais "neutra" em relação a Nogaret e a Filipe, o Belo. Ver G. DUBY, *A Idade Média na França* (987-1460). De Hugo Capeto a Joana D'Arc, Rio de Janeiro, Jorge Zahar Editor, 1992, p. 249-255.

(39) G. DUBY, *A Idade Média na França* (987-1460). De Hugo Capeto a Joana D'Arc, p. 253. Pierre Dubois foi jurista e escritor político. Por volta de 1300, tornou-se advogado do rei em Coutances. Sua obra mais famosa foi De Recuperatione Terrae Sanctae (1306). Como todo bom jurista a serviço da coroa francesa, defendia que esta deveria aumentar seus poderes administrativos e assumir a liderança da Europa, tudo em nome da paz. Ver Ernst H. KANTOROWICZ, *Os dois corpos do rei. Um estudo sobre teologia política medieval*, p. 163-64.

AGRADECIMENTO

Agradeço sobremaneira o estímulo e a amizade de Esteve Jaulent, o pioneiro nos estudos de Ramon Llull no Brasil. Amigo generoso e solidário, ele esteve presente em todas as fases desse projeto. Suas correções e conselhos foram fundamentais para que pudéssemos levar a cabo essa empreitada.

Por fim, esta tradução não seria possível sem o vigoroso estímulo do Grupo I de Pesquisas Medievais da Ufes que, nos anos 2000-2001, trabalhou infatigavelmente na prosa de Ramon, mesmo com todas as intempéries e estranhezas. Bruno, Eliane e Priscilla, agradeço a vocês compartilhar comigo aquela saudosa experiência.

Ricardo da Costa
Universidade Federal do Espírito Santo (UFES)
Vitória, Espírito Santo, abril de 2006.

O LIVRO DAS MARAVILHAS (1288-1289)

COMEÇA O SÉTIMO LIVRO, DAS BESTAS[40]

Após Félix ter se despedido do filósofo, andou por um vale cheio de árvores e fontes. Ao sair daquele vale, encontrou dois homens que tinham grandes barbas e cabelos e estavam pobremente vestidos. Félix saudou-os e eles saudaram Félix.

– Belos senhores, disse Félix, de onde vindes? De qual ordem sois? Porque, segundo vossas vestimentas, parece-me que sois de alguma ordem.

– Senhor, disseram os homens, nós viemos de terras distantes e passamos por uma planície próxima daqui. Naquela planície há um grande encontro de bestas selvagens que desejam eleger um rei. Nós somos chamados de a Ordem dos Apóstolos, e nossas vestimentas e pobreza significam a conduta que os apóstolos tinham enquanto viveram neste mundo. [41]

....
[40] O Livro das Bestas foi publicado no Brasil separadamente do Livro das Maravilhas (RAIMUNDO LÚLIO, Livro das Bestas, São Paulo, Edições Loyola/Editora Giordano, 1990). No entanto, optamos por não nos basearmos nesta tradução (feita por Cláudio Giordano), pois nossa proposta difere significativamente da publicação supracitada, mais livre e com o objetivo de "facilitar a leitura" para uma maior divulgação. Aproveitamos, no entanto, as notas explicativas de Esteve Jaulent. Em nossa tradução, mantivemos as repetições e os termos medievais, além de toda a estrutura do texto original, respeitando o estilo do autor e sua época, sempre com o objetivo de oferecer ao leitor uma tradução mais fiel possível do original, conforme expliquei em minha Apresentação – Ricardo da Costa.
[41] Os Apóstolos ou Irmãos Apostólicos foram uma seita fundada em 1260 por Gerard Segarelli, de Parma. O seu franciscanismo exaltado combinado com o ideário apocalíptico de Joaquim de Fiore (c. 1135-1202) os fez entrar em conflito com a Igreja. No dia 11 de março de 1286, eles foram ordenados a aderir a uma ordem oficialmente reconhecida. Eles se negaram e, portanto, foram considerados hereges. Em 7 de março de 1290, o papa Nicolau IV publicou uma bula condenando a seita, e a perseguição começou. Quatro seguidores foram queimados em 1294, e em 1300 o próprio Segarelli foi morto na fogueira. Em 1307, os derradeiros membros

Félix se maravilhou muito como os dois homens haviam ingressado numa ordem tão elevada como essa dos Apóstolos[42], e disse estas palavras:

– A Ordem dos Apóstolos é a soberana de todas as outras ordens. E quem é da Ordem dos Apóstolos não deve temer a morte e sim mostrar o caminho da salvação aos infiéis que estão no erro e dar aos cristãos que estão em pecado a doutrina da vida santa, por obra e por pregação. Tal homem que esteja na Ordem dos Apóstolos não deve cessar de pregar e fazer boas obras com todo o seu poder.

Tais palavras e muitas outras Félix disse aos dois homens que se diziam da Ordem dos Apóstolos.

– Senhor, disseram os dois homens, não somos dignos de estar em tão elevada vida como a dos apóstolos, mas somos apenas uma imagem[43] da conversão dos apóstolos, e essa imagem está representada em nossas vestimentas, em nossa pobreza e na passagem que fazemos pelo mundo, de terra em terra. Nós temos esperança que Deus envie a este mundo homens de vida santa, que também sejam da Ordem dos Apóstolos e que tenham a ciência e a linguagem para saber pregar e converter os infiéis, com a ajuda de Deus, e que dêem aos cristãos um bom exemplo com sua vida e suas palavras santas. Assim, para que Deus se mova à piedade e para que os cristãos

....
encurralados nas montanhas próximas a Vercelli. Os nove chefes foram queimados e os sete aprendizes foram interrompidos de maneira definitiva. Ver o artigo de C. LOHR na Encyclopaedia Britannica (ed. 1971) e também L. SPÄTLING, "De apostolocis, pseudoapostolicis, apostolinis", em Diss. Pontificii Athenai Antoniani, Munich, 1974, p. 111-179. Para Joaquim de Fiore e o joaquinismo, ver Jean DELUMEAU, *Mil anos de felicidade*, São Paulo, Companhia das Letras, 1997, p. 32-87. Nesta passagem e também na obra Blaquerna (*Libre d'Evast e d'Aloma e de Blaquerna, escrito em 1283 em Montpellier*, final do capítulo 76), Llull trata da Ordem dos Apóstolos em termos elogiosos. Em contrapartida, condena a mesma Ordem no Livro VIII, cap. 56, coisa que fez muitos críticos pensarem que Blaquerna e o Livro das Bestas foram escritos antes da condenação da seita em 1286, e o resto de Félix depois. Mas como afirmou acertadamente J. DAGENAIS ("New considerations on the Date and Composition of Llull's Libre de bèsties", Actes del Segon Col.loqui d'Estudis Catalans a Nord-Amèrica, Yale, 1979/Montserrat, 1982, p. 131-139), aquela menção dos Apostólicos não aparece nas fábulas animalescas do Livro das Bestas, a não ser em seu Prólogo, com Félix ainda em cena e, portanto, forma parte da estrutura central da novela. Ou como disse Dagenais: "Seria difícil sustentar o argumento de que algum tempo antes da escritura do Félix, Llull tenha escrito uma fábula animalesca com um prólogo que começa com um personagem chamado de Félix e que acabou de despedir-se de um filósofo". Assim parece que se pode descartar aquele argumento a favor de uma redação anterior do Livro das Bestas. Para outra interpretação dessas distintas referências aos Apostólicos, ver nota abaixo.

(42) Anthony Bonner suspeita que Llull emprega a palavra *orde* aqui nesta passagem (e nas seguintes) não com o sentido específico de a Ordem dos Apóstolos, mas com a idéia genérica de "posição", "condição", "estado". Dessa forma, acredita que possa suavizar uma possível contradição de Llull, já que mais tarde chama os Apóstolos de hipócritas (Livro VIII, capítulo 56). Antoni BONNER, OS, op. cit., volume 2, p. 126.

(43) "...somos apenas uma imagem"; no original figura, imagem, representação (N. dos T).

desejem a vinda de tais homens, nós representamos a figura dos apóstolos.

Félix teve muito prazer com o que os homens lhe disseram, e junto com eles chorou por muito tempo, dizendo estas palavras:

– Ah, Senhor Deus Jesus Cristo! Onde estão o santo fervor e a devoção que costumava existir nos apóstolos, os quais, por amá-Lo e conhecê-Lo, não duvidavam de sustentar trabalhos e a morte? Belo Senhor Deus, que seja de Vosso agrado que, em breve, venha um tempo no qual se complete a santa vida significada na vida desses homens.

Depois dessas palavras, Félix recomendou os santos homens a Deus, e foi àquele lugar onde as bestas desejavam eleger um rei.

I – DA ELEIÇÃO DO REI

Em uma bela planície por onde passava uma bela água estavam muitas bestas que desejavam eleger um rei. A maior parte fez um acordo: que o Leão fosse rei. Mas o Boi se opôs fortemente àquela eleição, e disse estas palavras:

– Senhores, à nobreza do rei convém beleza de pessoa: que seja grande, humilde e que não dê danação às suas gentes. O Leão não é uma grande besta, nem é besta que vive de ervas, pelo contrário, ele come as bestas. O Leão possui uma palavra e uma voz que, quando grita, faz estremecer todos nós de pavor. Pelo meu conselho, vós deveis eleger o Cavalo como rei, porque o Cavalo é uma grande besta, bela e humilde, e é também uma besta ligeira, não tem orgulho semelhante ao Leão e nem come carne.[44]

O Cervo, o Cabrito, o Carneiro e a todas as outras bestas que viviam das ervas sentiram muito prazer com o que o Boi disse. Mas Dona Raposa, se adiantou para falar diante de todos[45], e disse estas palavras:

---

(44) Anthony Bonner comenta uma nota do tradutor do século XVII, Luís de Flandres: "Neste tratado, os animais que comem carne significam os nobres; os que comem ervas os plebeus. A relação entre os animais e os personagens reais é: Leão = o rei, Leopardo = o honrado, Onça = a lisonjeira, Raposa = a astuta, Serpente = a prudente", Antoni BONNER, *w.*, volume 2, p. 127. Para a questão da alimentação como elemento cultural diferenciador das ordens sociais na Idade Média, ver Massimo MONTANARI, "Estruturas de produção e sistemas alimentares", p. 282-291 e "Os camponeses, os guerreiros e os sacerdotes: imagem da sociedade e estilos de alimentação", p. 292-299; Gerd ALTHOFF, "Comer compromete: refeições, banquetes e festas", p. 300-310, e Antoni RIERA-MELIS, "Sociedade feudal e alimentação (séculos XII-XIII), p. 387-408, em Jean-Louis FLANDRIN, e Massimo MONTANARI (dir.), *História da Alimentação*, São Paulo, Estação Liberdade, 1998 – Ricardo da Costa.

(45) Com raras exceções (em algumas poucas passagens) a Raposa é o único animal da fábula luliana que tem um título, Dona Raposa – na Idade Média *En* e *Na* eram mais que simples artigos pessoais (*En* = Dom, *Na* = Dona). O nome Raposa vem do germânico Reginhard (da obra *Ysengrimus, as aventuras do lobo*, escrita por Guilherme de Gand em 1159. Ysengrimus, por sua vez, foi escrito tomando como base um poema latino baseado em tradição popular chamado *Ecbasis captivi*, composto em 837 por um monge da abadia de São Ebro, na Lorena), do qual deriva o moderno Reinhart. O chamado *ciclo Raposa* (cerca de 30 contos, 24.000 versos

– Senhores, disse Dona Raposa, quando Deus criou o mundo não o fez para que o homem fosse conhecido e amado, e sim para que Ele fosse amado e conhecido pelo homem. E conforme tal intenção, Deus desejou que o homem fosse servido pelas bestas, pois o homem vive de carne e de ervas. E vós, senhores, não deveis considerar a intenção do Boi, que desama o Leão porque come carne, mas deveis seguir a regra e a ordenação que Deus fez nas criaturas[46].

De sua parte, o Boi, com seus companheiros, colocou-se contra as palavras de Dona Raposa, e disse que o Cavalo, que come ervas, deveria ser rei porque ele e seus companheiros tinham uma intenção verdadeira para a eleição do rei, porque se tivessem uma falsa intenção, não diriam que o Cavalo, que come a mesma erva que eles comem, deveria ser rei. E disse também que eles não deviam crer na opinião de Dona Raposa, que preferia que o Leão fosse rei porque vivia dos restos deixados pelo Leão quando ele comia a caça que havia aprendido, não por sua nobreza.

Tantas foram as palavras de uma e de outra parte que toda a corte se inquietou, e a eleição foi interrompida. O Urso, o Leopardo e a Onça[47],

---

octossilábicos em várias obras de autores diferentes) se aplica a uma série de fábulas animais com características oriundas das *Fábulas de Esopo* (c. 600 a.C.) – muito populares na Idade Média pelo menos a partir da reforma carolíngia do século IX (ver Ernest Robert CURTIUS, *Literatura Européia e Idade Média Latina*, São Paulo, HUCITEC, 1996, p. 86-88). Estes escritos que compõem o *ciclo Raposa* surgiram na região da Lotaríngia entre os séculos X-XI. Disseminaram-se para a Alemanha, Países Baixos e principalmente a França, onde o *Roman de Raposa* (séc. XII) ficou tão famoso que o nome Raposa suplantou a palavra original que originalmente designava a raposa (*goupil*). Na Catalunha, a palavra Raposa durante um certo tempo substituiu o termo mais usual de *guineu*, mas com certeza não perdurou depois da época de Llull, pois em um manuscrito de *Félix* do século XIV (ms. L) já se encontra a palavra *guineu* para explicar qual animal é Dona Raposa. Mesmo na época de Llull o termo mais comum era *volp* (do latim *vulpe*). Curiosamente, no francês, Raposa é um personagem masculino; no bestiário luliano, Raposa é feminino – seguindo a tradição ibérica (em catalão = *guineu, guilla, rabosa, volp*; em castelhano = *zorra, raposa, gulpeja*). Em contrapartida, apesar de Dona Raposa estar no feminino, no texto algumas vezes Llull acompanha Dona Raposa com adjetivos no masculino. Qual seria o seu propósito? Desconhecemos. Ver Gustave COHEN, *La vida literaria en la Edad Media* (*La literatura francesa del siglo IX ao XV*), México, Fondo de Cultura Económica, 1997, p. 21, 94-96 e 135-136. Em nossa tradução optamos por deixar esses "erros" exatamente como se encontram no texto original (alternância de masculino/feminino) – Ricardo da Costa.
(46) A Raposa comete dois enganos: primeiro, é contra o que o Boi e seus companheiros querem – que o Cavalo seja rei – por julgar mal a intenção do Boi; segundo, para defender o seu interesse – que o rei seja o Leão – usa a favor de si mesma argumentos religiosos, que nesse momento estão fora de lugar. Além disso, o argumento é falacioso, pois se Deus quis que o homem fosse servido pelos animais, não foi para o homem se alimentasse deles – Esteve Jaulent.
(47) Com certeza Llull utiliza a palavra Onça com o sentido que tinha a Idade Média (do francês *once*, do inglês *ounce*): trata-se do lince europeu (a palavra onça vem do grego *lygx*, lince, mas o lince asiático).

que tinham esperança de serem eleitos rei, pediram à corte que o tempo fosse prolongado até que se determinasse qual besta era mais digna de ser rei. Dona Raposa, sabendo que o Urso, o Leopardo e a Onça alongavam a eleição porque cada um tinha a esperança de ser rei, disse, na presença de todos, estas palavras:

– Em uma igreja catedral fez-se uma eleição, e houve uma discussão naquele capítulo a respeito da eleição do bispo[48]. Uns cônegos desejavam que o sacristão daquela igreja, um homem muito sábio nas letras e abundante de virtudes, fosse bispo. O arcediago, que cuidava para ser eleito bispo, e o mestre do coro da catedral, discordavam da eleição do sacristão e consentiram que um cônego simples, que era belo fisicamente e não sabia nenhuma ciência, fosse bispo. Aquele cônego era fraco de pessoa[49] e muito luxurioso. Muito se maravilhou todo o capítulo com o que disseram o arcediago e o mestre do coro. Naquele capítulo havia um cônego que disse estas palavras: "– Se o Leão é rei e o Urso, a Onça e o Leopardo se opõem à sua eleição, estarão todo o tempo na malevolência do rei. E se o Cavalo é rei e o Leão faz alguma falta contra o rei, como o Cavalo poderá se vingar, já que não é uma besta tão forte como o Leão?"[50]

Quando o Urso, a Onça e o Leopardo escutaram o exemplo que Dona Raposa disse, temeram fortemente o Leão e consentiram com a eleição, desejando que o Leão fosse rei. Pela força do Urso e das outras bestas que comiam carne – e malgrado as bestas que comiam erva – o Leão foi eleito para ser rei e deu licença a todas as bestas que viviam de carne para que comessem e vivessem das bestas que comiam erva.

Um dia aconteceu que o rei estava no parlamento tratando da ordenação de sua corte. Todo aquele dia até a noite o rei e seus barões estiveram

---

(48) Um capítulo era uma reunião de dignidades eclesiásticas para tratar um determinado assunto, no caso do texto, uma eleição para o bispado (N. dos T.).

(49) "...fraco de pessoa", isto é, fraco de caráter (N. dos T.).

(50) Diante do argumento da força, o Urso, a Onça e o Leopardo, temerosos, cedem. Entretanto, o surpreendente desta passagem é a argüição do cônego retornar à ficção animal. É este um dos contrapassos do texto – a ficção animal é parcialmente abandonada e Llull coloca na boca dos animais exemplos da vida humana. Dessa forma, a fábula animal inverte-se, e o leitor é obrigado a avançar ao contrapasso. O leitor deverá lembrar-se então de que é precisamente Dona Raposa quem está pondo o exemplo da eleição do Bispo, e o faz livremente – e como se vê pelo resultado alcançado, com êxito – para conseguir seus interesses. Cf. Patrick Gifreu, *L'election du lecteur*, em «Raymond Lulle, Le livre dês bêtes», Editions du Chiendent 1985. - Esteve Jaulent.

reunidos sem nada comer e beber. Quando o parlamento terminou, o Leão e seus companheiros tiveram fome e perguntaram ao Lobo e à Dona Raposa o que poderiam comer. Eles responderam que era tarde para procurar carne, mas que próximo daquele lugar havia um vitelo[51], filho do Boi, e um potro, filho do Cavalo, que poderiam ser comidos abundantemente. O Leão enviou-os àquele lugar e fez vir o vitelo e o potro, e todos os comeram. O Boi e o Cavalo ficaram muito irados com a morte de seus filhos, e foram juntos a um homem para se colocar a seu serviço e para que ele os vingasse da falta que seu soberano havia cometido contra eles. Quando o Boi e o Cavalo se apresentaram ao homem para servi-lo, este cavalgou o Cavalo e fez o Boi arar.

Um dia aconteceu do Cavalo e do Boi se encontrarem e cada um perguntar ao outro sobre seu estamento[52]. O Cavalo disse que estava trabalhando muito servindo a seu senhor, pois cavalgava todo o dia e ele o fazia correr para cima e para baixo, mantendo-o preso dia e noite. O Cavalo desejou muito sair da servidão de seu senhor e voltar a estar submetido ao Leão. Mas como o Leão comia carne e teve só alguns votos dele para ser eleito rei[53], o Cavalo hesitou em retornar à terra na qual o Leão reinava, e amou mais estar em trabalho sob a senhoria do homem, que não comia carne de cavalo, do que ao lado do Leão, que comia carne de cavalo.

Após o Cavalo contar seu estamento ao Boi, o Boi disse ao Cavalo que ele também estava em grande trabalho, todos os dias, arando, e seu senhor não o deixava comer o trigo da terra que ele arava, pelo contrário, convinha que, quando tivesse terminado e retirado o arado, fosse pastar as ervas que as ovelhas e as cabras haviam pastado enquanto ele arava. O Boi reclamou muito fortemente de seu senhor e o Cavalo o confortou tanto quanto pôde.

Enquanto o Boi e o Cavalo conversavam, um carniceiro veio ver se o Boi estava gordo, porque seu senhor o havia vendido. O Boi disse ao Cavalo

....
(51) Vitelo = novilho menor de um ano (N. dos T.).
(52) "...e cada um perguntar ao outro sobre seu estamento". No sentido do texto, Llull se refere à situação de ambos os animais – a palavra poderia ser "condição", mas refere-se também à condição social, isto é, de animais herbívoros numa dupla situação social: inferior aos carnívoros e na servidão do homem, daí a tradução literal de estamento, palavra que em português significa exatamente a mesma coisa que em catalão – Ricardo da Costa.
(53) A tradução literal é: "..teve alguma voz para ser eleito rei", isto é, a votação era aberta e procedia em voz alta (N. dos T.).

que seu senhor desejava vendê-lo, pois desejava matá-lo para ser comido pelos homens. O Cavalo disse que havia sido mal recompensado do serviço que havia feito. Por muito tempo o Cavalo e o Boi choraram. Então, o Cavalo aconselhou ao Boi que fugisse e retornasse à sua terra, porque mais valia estar em perigo de morte, sem trabalhar e entre seus parentes, do que em perigo de morte, em trabalho e com um senhor ingrato.

II – DO CONSELHO DO REI

Quando o Leão foi eleito rei, fez um belo sermão diante de seu povo, e disse estas palavras:
– Senhores, é vossa vontade que eu seja rei. Todos sabem que o ofício de rei é muito perigoso e é um grande trabalho. É perigoso porque pelos pecados do rei muitas vezes Deus envia fome e doenças, morte e guerras à terra. O mesmo faz pelos pecados do povo. Por isso, reinar é uma coisa perigosa ao rei e a todo o seu povo. E como é um grande trabalho para o rei governar a si mesmo e a seu povo, vos peço que me deis conselheiros que me ajudem e que me aconselhem de tal maneira que sejam a minha salvação e a de meu povo. Peço-vos que aqueles conselheiros que me deraes sejam homens sábios, leais, e que sejam dignos de serem conselheiros e pares do rei.

As palavras ditas pelo rei foram muito prazerosas a todos os barões e ao povo daquela corte, e todos se sentiram bem-aventurados com a eleição do rei. Foi feito então um acordo que o Urso, o Leopardo, a Onça, a Serpente e o Lobo seriam conselheiros do rei. Todos esses, na presença da corte, juraram dar um conselho leal em tudo o que pudessem.

Mas Dona Raposa sentiu um grande desprazer por não ter sido eleita para ser conselheiro do rei[54] e, na presença da corte, disse estas palavras:
– De acordo com o que se encontra escrito no Evangelho, Jesus Cristo, que é rei do céu e da terra, desejou ter a amizade e a companhia de homens simples e humildes. Por isso elegeu os apóstolos, que eram homens simples e pobres, para significar que sua virtude os exaltaria para que eles fossem

....

(54) Assim está no original: "Dona Raposa (...) eleita para ser conselheiro do rei". Já assinalamos essa curiosidade do texto luliano, os adjetivos masculinos para um personagem feminino, a mistura de ambos numa só frase. No entanto, preservamos no texto essa curiosidade literária, ainda inexplicável para a maior parte dos especialistas (N. dos T.).

ainda mais humildes. Para vossa instrução, digo que a mim parece que o rei deve ter em seu Conselho bestas simples e humildes, para que não se orgulhem de seu poder e de sua linhagem, não desejem se igualar ao rei e que assim sejam exemplo de esperança e humildade para as bestas simples e que vivem de erva.

Ao Elefante, ao Javali, ao Bode, ao Carneiro, e a todas as outras bestas que vivem de ervas pareceu bom o que disse Dona Raposa, e todos estes aconselharam ao rei que Dona Raposa, que era bem falante e tinha grande sabedoria, fosse do Conselho do rei. E Dona Raposa aconselhou e considerou bom que o Elefante, o Javali, o Bode e o Carneiro também fossem do Conselho do rei.

Em grande consideração estiveram o Urso, o Leopardo e a Onça quando ouviram que Dona Raposa seria do Conselho do rei, porque tiveram grande pavor que Dona Raposa, com sua eloqüência e astúcia, fizesse a ira do rei ir contra eles, e principalmente porque Dona Raposa aconselhou mais que todas as outras bestas a eleição do rei.

– Senhor, disse o Leopardo ao rei, em vossa corte está o Galo, que é uma bela figura, sábio, e que sabe ser o senhor de muitas galinhas. Ele canta no alvorecer muito clara e belamente, e melhor convém que ele seja de vosso Conselho do que Dona Raposa.

O Elefante disse que seria bom que o Galo fosse do Conselho do rei para que lhe desse exemplo para reger e submeter a sua rainha, e para que o despertasse no alvorecer para pregar a Deus, mas que Dona Raposa também era boa para ser conselheiro do rei[55] porque era uma besta sábia e conhecedora de muitas coisas.

O Leopardo disse que não convinha ao Conselho do rei ter duas pessoas que se quisessem mal por natureza, porque pela má vontade que têm poderiam inquietar o Conselho do rei. Por sua vez, Dona Raposa falou, e disse que era apropriado ao Conselho do rei ter belas e grandes bestas como o Elefante, o Javali, o Bode, o Carneiro e o Cervo, porque à presença do rei convinha beleza pessoal.

---

(55) Novamente Llull mistura o gênero quando se refere à Dona Raposa (N. dos T.).

O rei teve vontade que Dona Raposa e seus companheiros fossem da corte e de seu Conselho, e estaria tudo acabado se o Leopardo não dissesse secretamente ao rei estas palavras:

– Senhor, um conde estava em guerra com um rei. E como o conde não era tão poderoso como o rei, serviu-se habilmente da guerra contra o rei, isto é, o conde deu secretamente grandes presentes ao escrivão do rei para que lhe dissesse todos os ardis que o rei faria em sua guerra contra ele. E como o escrivão impedia o poder do rei, este não conseguia dar fim à guerra contra o conde.

Quando o Leopardo terminou suas palavras e o Leão entendeu a semelhança, disse que o Galo seria de sua corte, e não Dona Raposa, para que ele não dissesse ao Elefante e às bestas que vivem de erva os ardis do rei e de seus companheiros que comiam carne.

III – Da Traição que Dona Raposa Armou Contra o Rei

Dona Raposa e seus companheiros sentiram muito desprazer com o fato de não estarem no Conselho do rei. A partir desse momento, Dona Raposa concebeu a traição em seu coração e desejou a morte do rei. Disse então estas palavras ao Elefante:
– Daqui em diante existirá grande inimizade entre as bestas que comem carne e as bestas que comem erva, pois o rei e seus conselheiros comem carne e vós não haveis em seu Conselho nenhuma besta que seja de vossa natureza e que mantenha vosso direito.

O Elefante respondeu que tinha esperança que a Serpente e o Galo defenderiam racionalmente seus direitos na corte do rei, porque eram bestas que não viviam de carne. Dona Raposa respondeu dizendo que em uma terra aconteceu que um cristão tinha um sarraceno em quem muito confiava e ao qual concedia muitos prazeres, e o sarraceno, por ser contrário à Lei[56], não podia

---

(56) "...por ser contrário à Lei", isto é, contrário à religião, à doutrina católica (N. dos T.).
(57) Esta é uma passagem claramente autobiográfica, pois sabemos, graças à *Vida Coetânia* (1311) que Llull comprou um escravo e aprendeu o árabe com ele: "...E mais adiante comprou um mouro, para que dele pudesse aprender a língua arábica ou mourisca. E, como desta forma ele estivesse estado pelo espaço de nove anos, aconteceu que um dia de manhãzinha o dito mouro, ausente o dito reverendo mestre, blasfemou o suberizando nome de Jesus Cristo. A qual coisa depois como lhe fosse recontada, inquieto pelo intrínseco zelo de Nosso Senhor, feriu o dito mouro assim na boca como na cara, cabeça e outras partes de seu corpo, e, como o dito mouro fosse muito alto de coração e fosse quase do estado de mestre do dito senhor seu em mostrar-lhe a língua mourisca, o escravo teve grande ira dos ditos golpes, e de fato, pensou de que forma e maneira o poderia matá-lo", RAMON LLULL, *Vida Coetânia*, 11.

estimá-lo, pelo contrário, considerava todos os dias como o podia matar[57].

– Por isso, senhor Elefante, disse Dona Raposa, sendo a Serpente e o Galo de linhagem a vós e a vossos companheiros, embora não comam carne, nem por isso podeis confiar neles. Pelo contrário, crede certamente que considerarão tudo que seja prejudicial a vós e a todos os vossos companheiros.

O Elefante esteve em grande consideração com as palavras que Dona Raposa lhe disse, e considerou por muito tempo o prejuízo que poderia advir a ele e a seus companheiros com a eleição do rei e de seus conselheiros. Enquanto o Elefante assim considerava, Dona Raposa lhe disse que não tivesse temor do rei e de seus companheiros, porque se ele desejasse ser rei, ela trataria para que ele pudesse ser rei. Mas o Elefante temeu que Dona Raposa o traísse, porque, conforme sua natureza, deveria amar mais as bestas que viviam de carne que as bestas que viviam de erva. E disse à Dona Raposa estas palavras:

– Em uma terra aconteceu que um milhafre[58] carregava uma ratazana e um eremita pediu a Deus que aquela ratazana caísse em seu colo. Por causa das orações do santo homem, Deus fez aquela ratazana cair no colo do eremita. Ele então pediu a Deus que a transformasse numa linda donzela. Deus atendeu às preces do eremita e fez da ratazana uma bela donzela. "– Filha, disse o eremita, vós desejais o Sol como marido?" "– Não, senhor, porque as nuvens tolhem a claridade do Sol". E o eremita perguntou se ela queria a Lua como marido. Ela disse que a Lua não tinha claridade por si mesma, mas através do Sol. "- Bela filha, vós desejais a nuvem como marido?" Ela respondeu que não, porque o vento mandava as nuvens para onde desejava. A donzela não quis o vento como marido porque as montanhas impediam seu movimento, nem quis as montanhas, porque as ratazanas as furavam, nem desejou o homem como marido, porque ele matava os ratos. No final, a donzela pediu ao eremita que pedisse a Deus que a tornasse ratazana tal como era antes, e que lhe desse como marido um belo rato[59].

....

(58) Ave de rapina européia da família dos falconiformes (N. dos T.).
(59) Esta é a primeira das fábulas comprovadamente de origem oriental contida no *Livro das Bestas*, e pertence a uma coleção chamada *Kalila e Dimna* – já publicada em português (IBN AL-MUKAFA, *Calila e Dimna* [trad. e apres. de Mansour Challita], Rio de Janeiro, Associação Cultural Internacional Gibran, s/d). – Ricardo da Costa.

Quando Dona Raposa ouviu o exemplo, entendeu que o Elefante suspeitava dele. Temendo que este a denunciasse, teria proposto com gosto que o Javali fosse rei, da mesma forma como propusera o Elefante. Mas para que muitos não soubessem de sua intenção, desejou tratar, custe o que custar, que o Elefante fosse rei, e disse estas palavras:

– Em uma terra aconteceu que um cavaleiro teve um belo filho de uma senhora. Aconteceu que a mulher daquele cavaleiro morreu e o cavaleiro tomou outra mulher, que desamava muito o jovem que seu marido muito amava. Quando aquele jovem chegou à idade de vinte anos, a senhora cogitou uma maneira de seu marido expulsar seu filho de sua casa. Disse então a ele que o jovem avançara loucamente sobre ela. O cavaleiro amava tão fortemente sua mulher que incontinenti acreditou em tudo o que ela disse. Então expulsou seu filho de sua casa[60] e ordenou que nunca mais permanecesse na sua presença. O jovem ficou muito irado com seu pai porque o havia expulsado de sua casa e retirado todas as suas graças sem nenhuma razão[61].

Conforme o exemplo que Dona Raposa disse, o Elefante ficou parcialmente consolado, e teve esperança no que Dona Raposa lhe disse, isto é, de tornar-se rei. Perguntou então à Dona Raposa como poderia fazer o rei morrer e ser eleito rei, pois o rei era tão forte e tinha um Conselho tão sábio e Dona Raposa era uma besta tão pequena e com um poder tão fraco. Dona Raposa respondeu dizendo este exemplo:

– Em uma terra aconteceu que todas as bestas concordaram em dar todos os dias ao Leão uma besta para que ele não atrapalhasse sua caça, e o Leão aceitou. Todos os dias aquelas bestas tiravam a sorte e a besta sobre a

---

(60) Interessante observar esse exemplo que na primeira citação de *casa* neste *exemplum*, Llull utiliza a palavra *alberg* (casa que serve de habitação para as pessoas), mas nesta última vez coloca *hostal* (casa onde se vive habitualmente e são admitidos hóspedes gratuitamente por amizade ou parentesco), o que sugere um tom mais íntimo que no primeiro caso (GGL, vol. I, 1982, p. 72 e GGL, vol. III, 1984, p. 95) – Ricardo da Costa.

(61) Este exempla dá a entender ao Elefante que, uma vez morto o rei, os conselheiros carnívoros expulsariam da corte real todos os animais herbívoros. Daí a conveniência de o Elefante se tornar rei – Esteve Jaulent.

Além disso, esta passagem pertence à outra tradição oriental chamada *Os sete mestres sábios*, *O Livro de Simbad*. Como o texto de *Kalila e Dimna*, esta tradição entrou na Europa de duas formas: uma foi o *Roman des sept sages de Rome*, do qual descende uma versão catalã em verso e diversas versões castelhanas dos séculos XV e XVI; a outra é o *Libro de los engaños*, traduzido para o castelhano em 1253 sob a ordem de D. Henrique, irmão de Afonso X. Desconhecemos qual das duas versões Ramon Llull se valeu, contudo o exempla narrado aqui se refere à história que proporciona o marco narrativo de Os sete mestres sábios.

qual a sorte caía ia até o Leão e ele a comia. Um dia aconteceu que a sorte caiu sobre uma Lebre, e ela demorou a ir ao Leão até a hora do meio-dia porque temia morrer. O Leão ficou muito irado com o atraso da Lebre, pois tinha grande fome, e perguntou à Lebre por que havia demorado tanto. A Lebre se desculpou, e disse que próximo dali havia um Leão que dizia ser rei daquela terra e que havia tentado prendê-la. O Leão ficou muito irado e, pensando ser verdade o que a Lebre lhe dizia, pediu-lhe então que mostrasse o outro Leão. A Lebre saiu na frente e o Leão a seguiu. A Lebre chegou a uma grande e profunda reserva de água cercada por todos os lados por um grande muro. Quando a Lebre foi até a água e sua sombra e a do Leão apareceram na água, disse ao Leão: "– Senhor, vês o Leão que está na água e deseja comer uma lebre?" O Leão pensou que sua sombra fosse outro Leão e saltou na água para combater o outro Leão. Assim, a Lebre matou o Leão com sua astúcia e ele morreu afogado.

Quando o Elefante ouviu o exemplo, disse à Dona Raposa este exemplo:
– Um rei tinha dois pajens que cuidavam de sua pessoa. Um dia aconteceu de o rei estar em seu trono e diante de si ter um grande número de altos barões e cavaleiros. Um dos pajens estava diante do rei e viu uma pulga em sua veste de preciosa seda branca. Aquele pajem pediu ao rei que lhe desse a satisfação de se aproximar dele e apanhar a pulga que estava em seu manto. O rei deu licença ao jovem para que se aproximasse, o jovem apanhou a pulga, o rei quis vê-la e mostrá-la a seus cavaleiros, e disse que era uma grande maravilha como uma besta tão pequena ousasse se aproximar do rei. O rei fez dar ao pajem cem besantes. O outro pajem teve inveja de seu companheiro. No dia seguinte, pôs um grande piolho no manto do rei e disse palavras semelhantes às de seu companheiro. O pajem deu o piolho ao rei que se esquivou fortemente, dizendo-lhe que era digno de morrer por não ter protegido suas vestes de piolhos. Assim fez dar cem açoites àquele pajem.

Dona Raposa compreendeu que o Elefante tinha pavor de ser rei[62], e maravilhou-se como em uma pessoa tão grande podia caber tanto pavor. Disse então ao Elefante estas palavras:

---

(62) O exemplo contado pelo Elefante mostra que ele não confiava na astúcia nem na falsidade como meios para destronar o rei – Esteve Jaulent.

– Conta-se que a Serpente, aproveitando-se que Eva era somente uma fêmea, fez vir a ira de Deus sobre Adão e todos os seus descendentes. Logo, se a Serpente e Eva procederam de uma forma tão maléfica, bem pode acontecer que eu, com meus sentidos e minha astúcia, possa fazer que o rei caia na ira de seu povo.

Na hora que Dona Raposa contou o exemplo de Eva, o Elefante concebeu a traição do rei e disse à Dona Raposa que ele seria rei de boa vontade a partir do momento que Dona Raposa matasse o rei. Dona Raposa disse ao Elefante que ela trataria da morte do rei e o Elefante prometeu à Dona Raposa grandes títulos e honrarias se ela conseguisse torná-lo rei.

IV – Como Dona Raposa Tornou-se Porteira da Câmara Real

Na corte do rei foi ordenado que o Gato fosse o camareiro do rei e o Cão fosse o porteiro. O Gato tornou-se camareiro para comer os ratos que destruíam os tecidos, e também por sua figura ser semelhante à do rei. O Cão tornou-se porteiro porque farejava[63] longe, latia e dava a conhecer ao rei aqueles que a ele se dirigiam. Estando o Gato e o Cão em seus ofícios, Dona Raposa foi procurar o Boi e o Cavalo que haviam partido da corte do rei e encontrou o Boi no caminho, pois estava voltando à corte do rei. Em uma bela planície se encontraram Dona Raposa e o Boi. Cada um saudou o outro muito agradavelmente e o Boi contou a Dona Raposa seu estado, isto é, como tinha ido livremente ao homem, como o homem o havia colocado por muito tempo em servidão e, no fim, como o homem desejou vendê-lo a um carniceiro que o queria matar.

De sua parte, Dona Raposa contou ao Boi o estamento da corte, conforme o que já foi dito acima.

– Senhor Boi, disse Dona Raposa, qual é a vossa vontade?

O Boi disse à Dona Raposa que vinha estar na corte do rei fugindo do homem que tinha desejado vendê-lo e matá-lo. Dona Raposa disse ao Boi estas palavras:

– Aconteceu de um reino ter um rei de muitos maus costumes e um malvado Conselho. E pela malícia do rei e de seu Conselho todo aquele reino

....
(63) No original, "sentia longe" (N. dos T.).

estava em trabalho e na ira de Deus, porque era inestimável o mal que o rei e seu Conselho faziam às gentes que estavam naquele reino. Por tanto tempo durou aquele mal que o rei e seu Conselho faziam àquela terra que as gentes não o podiam mais suportar, e por aquela má vida e mau exemplo do rei e de seu Conselho as gentes desejaram a morte do rei e de seu Conselho.

De acordo com o que Dona Raposa disse, o Boi entendeu que o rei e seu Conselho eram malvados, e hesitou ir e viver submetido a um malvado regimento. Disse então à Dona Raposa estas palavras:

– Em uma cidade havia um bispo que era muito contrário ao seu ofício e, por sua malícia, desonestidade e mau exemplo que dava a seu capítulo[64] e às gentes daquela cidade, seguia-se um mal muito grande e se perdia muito do bem que poderia haver naquela cidade se o bispo fosse o que devesse ser, segundo a regra e a doutrina que Jesus Cristo deu aos apóstolos e a seus sucessores. Aconteceu um dia de o bispo cometer uma grande injúria e depois ir cantar a Missa. Um cônego ficou em tão grande abominação com a falta que o bispo cometeu que saiu daquela cidade, foi participar com os pastores a vida nos bosques, e disse que melhor coisa era estar com eles, que guardavam as ovelhas dos lobos, que com o pastor, que mata suas ovelhas e as dá aos lobos.

Quando o Boi contou esse exemplo, disse à Dona Raposa que sairia daquela terra, pois não desejava se submeter nem ao rei, nem a seu Conselho, pois seu governo era mau.

– Senhor Boi, disse Dona Raposa, vós ouvistes a pergunta que um eremita fez a um rei?

– Que pergunta foi essa? disse o Boi.

Dona Raposa disse que em uma alta montanha estava um santo eremita:

– Aquele eremita era um homem de santa vida, e ouvia todos os dias muitos clamores contra o rei daquela terra. O era homem pecador e mau governante, e as gentes diziam ao santo homem todo esse grande mal. O santo homem ficou muito descontente com o malvado estado no qual se encontrava o rei, e teve a devoção de induzir o rei a um bom estado.

O bom homem desceu de seu eremitério e foi àquela bela cidade ter

---

(64) Capítulo = reunião de dignidades eclesiásticas para tratar um determinado assunto (N. dos T.).

com o rei. "– Senhor", disse o bom homem ao rei, "qual coisa neste mundo vos parece mais agradável a Deus, a vida ermitã ou a vida de um rei que seja bem acostumado a governar seu povo?" Por muito tempo cogitou o rei a pergunta antes de respondê-la e, no final, disse que a vida do rei de boas obras é a oportunidade de proporcionar um bem maior do que a vida de eremita. "– Senhor", disse o eremita, "estou muito satisfeito com vossa resposta, pois significa que o malvado rei produz mais danação que todo o bem que qualquer eremita pode fazer em seu eremitério. Por isso, eu desci de meu eremitério, vim a vós e propus-me estar muito tempo convosco até que vós e o vosso reino estejais em um bom estamento. Direi a vós palavras de Deus com as quais tenhais amor a Ele, O conheçais e O temais." Aquele eremita esteve por muito tempo na corte do rei dizendo boas palavras de Deus, com as quais o rei passou a estar em bom estamento e todo o seu reino em bom governo[65].

Após Dona Raposa ter contado esse exemplo, ainda disse ao Boi estas palavras:

– Senhor Boi, vós sois uma besta semelhante ao eremita, e se o desejais, vos darei um conselho com o qual podereis induzir o rei, meu e vosso senhor, ao bom estamento, e do que fizerdes seguir-se-á um grande bem.

O Boi prometeu à Dona Raposa fazer todo o bem que pudesse, de tal modo que o rei e seu povo estivessem em bom estamento. Então, Dona Raposa aconselhou o Boi a ficar em um belo prado próximo do lugar onde estava o rei e seus barões, e que ali comesse e descansasse de tal maneira que ficasse belo de se ver e forte para mugir.

– Senhor Boi, tão logo estiverdes recuperado e forte, vós deveis mugir três vezes ao dia e três vezes à noite o mais forte que possais, e enquanto isso eu falarei com o rei de vosso estamento.

O Boi acolheu o conselho de Dona Raposa, que retornou à corte do rei.

Após o Boi ter descansado e recuperado suas forças, começou a mugir fortemente. E quando Dona Raposa ouviu o Boi mugir, foi estar diante do rei, e permaneceu diante dele, enquanto o Boi mugia. Em tão

---

(65) Este exempla é de uma fonte desconhecida, apesar de os personagens do rei e do eremita possuírem uma certa semelhança com a parábola de Barlaam e Josafat e a história, como um todo, possuir também uma semelhança com o *Libro de los enxemplos*.

grande pavor estava o rei enquanto o Boi mugia, que não podia deixar de tremer, e tinha vergonha de seus barões porque temia que o tivessem por covarde. Enquanto o Leão estava assim apavorado e nenhum de seus barões percebia o pavor que o rei tinha, Dona Raposa se aproximou dele, o Galo cantou e o Cão latiu por ela ter-se aproximado do rei. O rei teve prazer com a aproximação de Dona Raposa, e então lhe perguntou se sabia de qual besta era aquela voz que ouvia, porque lhe parecia ser de uma besta grande e forte[66].

– Senhor, disse Dona Raposa, um jogral colocou seu tambor num vale pendurado em uma árvore, e o vento balançava aquele tambor, ferindo-o com os galhos da árvore. Do ferimento que o tambor fazia em si mesmo na árvore nascia uma grande voz, que ressoava muito fortemente por todo aquele vale. Havia um símio naquele vale que ouviu o som e foi até aquele tambor. Aquele símio pensou que, assim como aquela voz era grande, da mesma forma o tambor estivesse cheio de manteiga, ou de alguma coisa que fosse boa para comer. O símio quebrou o tambor e encontrou-o todo vazio[67].

– Assim, senhor, disse Dona Raposa ao Leão, vós podeis pensar que esta voz que ouvistes é de uma besta vazia e que não possui a força que sua voz aparenta. Sede forte e corajoso, porque não fica bem para um rei ter pavor, principalmente ter pavor de algo que não sabe o que é.

Enquanto Dona Raposa dizia estas palavras ao rei, o Boi gritou e mugiu muito fortemente. E gritou de tal maneira que todo aquele lugar onde estava o Leão ressoou muito fortemente, e o Leão e seus companheiros estremeceram. O rei não pôde se abster de mostrar sinais de pavor, e disse que se a força daquela besta fosse igual à sua voz, ele fazia mal em estar naquele lugar. O Boi mugiu outra vez e o Leão e todos aqueles de seu Conselho tiveram temor. Dona Raposa não mostrou nenhum semblante de pavor, pelo contrário, ficou alegre diante do rei. Muito se maravilhou o rei com o fato de Dona Raposa não ter pavor e todos os outros terem, e então disse à Dona Raposa estas palavras:

---

(66) Este exemplo é extraído de *Kalila e Dimna*.
(67) Ainda que os personagens sejam distintos, a história é a mesma de *Kalila e Dimna*.

– Raposa, disse o rei, como tu podes não ter pavor dessa voz tão grande e tão estranha? Tu vês que eu, que sou tão poderoso, e o Urso, e o Leopardo, e muitas outras bestas que são mais fortes que tu, temos pavor dessa voz.

Dona Raposa respondeu ao rei com estas palavras:

– Um corvo fazia seu ninho em uma rocha e todos os anos uma grande serpente comia seus filhos. O corvo tinha uma grande ira da serpente que comia seus filhos, mas não ousava combatê-la, porque não era tão poderoso a ponto de poder vencê-la pela força das armas. Aquele corvo cogitou ajudar-se com a astúcia contra a serpente, pois lhe faltava a força. Um dia aconteceu da filha de um rei jogar com donzelas em um pomar[68], e colocar sua guirlanda de ouro, de prata e de pedras preciosas no galho de uma árvore. Aquele corvo tomou a guirlanda e voou por muito tempo pelo ar, até que muitos homens o seguiram, para ver onde ele colocaria a guirlanda que a filha daquele rei muito amava e que chorava fortemente porque o corvo levara a guirlanda. O corvo colocou a guirlanda no lugar onde estava a serpente, e os homens, quando viram a guirlanda pendurada, também viram a serpente, e a mataram. Assim, o corvo, com a ajuda dos outros e com sua arte e astúcia, vingou-se da serpente[69].

– Assim, senhor, disse Dona Raposa ao Leão, eu possuo tanta arte e astúcia que mesmo que acontecesse de não conseguir vencer pela força das armas a besta que possui essa voz tão forte e tão terrível, ajudar-me-ia com a arte e a astúcia de tal maneira que lhe causaria uma má morte.

Quando Dona Raposa terminou seu exemplo, a Serpente, que era uma dos conselheiros do rei, disse o seu:

– Em um lago havia uma garça acostumada a pescar por muito tempo. Aquela garça envelheceu e, por causa de sua velhice, muitas vezes perdia sua caça. A garça pensou na arte e na maneira de se ajudar com a arte e com a astúcia, e através dessa arte ela encontrou a sua morte.

....

(68) No original *verger* (do latim vulgar *viridiariu*), horta com uma grande variedade de flores e árvores frutíferas. Ver GGL, vol. V, 1985, p. 331 (N. dos T.).

(69) Llull, com este exemplo, diz-nos que no coração do oprimido nasce sempre uma ira, saudável e boa, toda vez que os poderosos agem injustamente e com crueldade. Este sentimento de ira aguça o engenho de tal sorte que, não poucas vezes, o pequeno, apesar de sua debilidade, chega a vencer o grande. Veja Fermín DE URMENETA, "Agostinismo y Lulismo", em Augustinus V, 1960, p. 548 – Esteve Jaulent. Este também é um exemplo retirado de *Kalila e Dimna*.

O Leão pediu à Serpente que lhe contasse a maneira pela qual a garça encontrou sua morte.

– Senhor rei, disse a Serpente, aquela garça esteve um dia inteiro até a noite sem querer pescar, e estava tristonha na beira daquele lago. Um caranguejo se maravilhou com o fato de a garça não pescar tal como estava acostumada, e perguntou a ela porque estava assim pensativa. A garça começou a chorar, e disse que tinha grande piedade do peixe daquele lago com o qual havia vivido tanto tempo, e chorava muito sua morte e danação, visto que dois pescadores que pescavam em outro lago decidiram vir àquele lago quando terminassem de pescar ali. "- Aqueles pescadores são sábios mestres na pescaria, pois nenhum peixe lhes pode escapar e, portanto, eles apanharão todos os peixes desse lago." O caranguejo teve grande pavor quando ouviu essas palavras, e disse isso aos peixes que viviam naquele lago. Todos os peixes se reuniram, foram até a garça e pediram que ela lhes desse um conselho. "- Só há um conselho", disse a garça, "que eu vos leve a todos, um a um, para um lago que fica a uma légua próximo daqui. Naquele lago há muitos bambus[70] e um grande lodo, e isso impedirá os pescadores de fazer-lhes mal." Todos os peixes consideraram a solução boa, e todos os dias a garça apanhava tantos peixes quanto queria, e parecia levá-los para o lago, mas pousava em uma montanha, comia-os e depois retornava para pegar a mesma quantidade de peixes. A garça esteve nisso por muito tempo e assim vivia sem o trabalho de pescar. Um dia aconteceu de o caranguejo pedir à garça que o levasse para aquele lago. A garça estendeu seu pescoço e o caranguejo se prendeu no pescoço da garça com suas duas mãos. Enquanto a garça voava assim com o caranguejo preso em seu pescoço, o caranguejo se maravilhava com o fato de não ver o lago onde pensava que a garça o levaria. Quando a garça estava próxima daquele lugar onde costumava comer os peixes, o caranguejo viu as espinhas dos peixes que a garça havia comido e entendeu a armadilha que a garça fizera. O caranguejo pensou: "- Enquanto tenho tempo, é preciso escapar dessa traidora que tem como objetivo comer-me." Então o caranguejo apertou

---

(70) *Canya* = planta da família das arundináceas. GGL, vol. I, 1982, p. 288. As arundináceas são gramíneas, plantas monocotiledôneas da ordem das glumifloras, e englobam vegetais conhecidos vulgarmente como capins

tão fortemente o pescoço da garça que o partiu, e a garça caiu morta na terra. O caranguejo retornou aos seus companheiros e contou a traição que a garça havia feito; por essa traição a garça teve o motivo de sua morte[71].

– Senhor, disse Dona Raposa, naquele tempo que Deus expulsou Adão do Paraíso, Ele amaldiçoou a Serpente que havia aconselhado Eva a comer do fruto que havia proibido a Adão. E daquele tempo até hoje todas as serpentes são horríveis de se ver, são venenosas, e através da serpente vieram todos os males que existem no mundo. Por isso, um sábio homem fez expulsar uma serpente do Conselho do rei, serpente que o rei muito amava.

O Leão pediu à Dona Raposa que contasse esse exemplo.

– Senhor, disse Dona Raposa, um rei tinha ouvido falar de um santo homem que tinha grande sabedoria, e mandou procurá-lo. Aquele santo homem veio ao rei, e o rei pediu que ficasse e o aconselhasse a governar seu reino, repreendendo-o caso visse algum vício nele também percebido pelas gentes. O santo homem esteve com o rei com a intenção de aconselhá-lo a fazer boas obras e a esquivá-lo do mal. Um dia aconteceu de o rei ter seu Conselho reunido para discutir um grande feito que havia acontecido em seu reino. Próximo daquele rei estava uma grande serpente, com a qual o rei se aconselhava mais fortemente que todos os outros. Quando viu a serpente, aquele santo homem perguntou ao rei o que significava ser rei nesse mundo, e o rei disse: "- O rei está estabelecido nesse mundo para significar Deus, isto é, o rei deve ter justiça na terra e governar o povo que Deus lhe deu para comandar." "– Senhor", disse o sábio, "qual besta foi mais contrária a Deus quando Ele criou o mundo?" O rei disse que foi a serpente. "- Senhor", disse o sábio, "de acordo com essa resposta, vós deveis matar a serpente, pois cometeis grande pecado ao tê-la em vossa corte. Porque se vós representais a imagem de Deus enquanto sóis rei, deveis odiar tudo o que Deus odeia, quanto mais aquilo que Ele odeia mais fortemente." Após as palavras do santo homem, o rei matou a serpente sem que ela pudesse se auxiliar com sua arte ou astúcia[72].

....

(71) Este é outro exemplo retirado de *Kalila e Dimna*.
(72) Este exemplo aparece em diversas coleções semíticas e indianas, segundo E. J. NEUGAARD, "The Sources of the Folk Tales in Ramon Llull's Llibre de les bèsties", em Journal of American Folklore 84, Filadélfia, 1971, p. 333-337.

Após Dona Raposa ter contado esse exemplo, o Boi gritou e mugiu tão fortemente que todo aquele lugar estremeceu novamente e o Leão e todos os outros tiveram grande pavor. Assim, Dona Raposa disse ao rei que, se ele quisesse, ela iria até a besta da qual saía essa voz tão estranha e veria se aquela besta que poderia ameaçar o rei poderia vir para estar em sua companhia. Agradou ao rei Leão e a todos os outros que Dona Raposa fosse ver a besta que gritava. Dona Raposa pediu ao rei que, se fosse verdade que aquela besta com a qual ia se encontrar poderia ameaçar a sua corte, que ficasse então salvo e seguro na corte, e que ninguém fizesse mal à sua pessoa ou lhe fizesse alguma vilania. E o Leão, diante de todo seu Conselho, concedeu à Dona Raposa tudo o que havia lhe pedido.

Dona Raposa foi ao prado onde o Boi estava descansando. Quando a viu, o Boi sentiu um grande prazer. Saudaram-se belamente e Dona Raposa contou ao Boi tudo o que havia acontecido depois que partira dele.

– Belo amigo, disse Dona Raposa, vós ireis diante do rei, estareis com o semblante humilde e em vossos gestos dareis imagem de uma grande sabedoria, e eu direi que vós haveis tido uma grande contrição por ter estado por tanto tempo fora da senhoria do rei, e vós, diante de todos, pedireis perdão ao rei por terdes ido viver com o homem e prometereis não vos colocardes sob outra senhoria. Falareis e estareis diante do rei e de sua corte de tal maneira, belo amigo, que o rei e todo o seu Conselho se agradarão com vossas palavras e com vossos gestos, e ainda contareis ao rei dos estamentos dos homens e aconselhareis o rei a ter amizade com o rei dos homens."

O Boi e Dona Raposa foram à corte do rei. Quando o rei e seus barões viram chegar o Boi e Dona Raposa, reconheceram o Boi e sentiram-se estúpidos pelo pavor que haviam tido do Boi. O rei se maravilhou de como o Boi pôde ter uma voz tão alta, tão grande e tão terrível. O Boi fez a seu senhor a reverência apropriada ao rei. O rei perguntou-lhe de seu estamento; o Boi contou-lhe tudo o que aconteceu enquanto estava na servidão do homem. O rei disse ao Boi que estava maravilhado de como o Boi havia mudado sua voz, e o Boi disse que ele gritava com temor e com contrição, porque pensava estar mal visto pelo rei e por toda a sua corte por tê-lo deixado por tanto tempo por outro senhorio. E como o temor e a contrição faziam estremecer sua coragem, havia mudado sua voz, que passou a significar temor, terror e espanto, porque saía de seu corpo onde estava um coração temeroso e penitente. O Boi pediu perdão ao rei e o rei o perdoou na presença de toda sua corte. O rei pediu ao Boi que lhe dissesse do estamento do rei dos homens. O Boi disse que a Serpente dissera a verdade: a pior e mais falsa besta que existe nesse mundo é o homem. O Leão pediu ao Boi que lhe contasse a razão pela qual a Serpente dissera que o homem é a pior e mais falsa besta que existe no mundo.

– Senhor, disse o Boi, uma vez aconteceu que um urso, um corvo, um homem e uma serpente caíram em um fosso[73]. Por aquele lugar onde estava o fosso passava um santo homem que era eremita. Ele olhou preocupado para o fosso e viu todos os quatro, que estavam ali e não podiam sair. Todos ao mesmo tempo pediram àquele santo homem que os tirasse do fosso, e cada um lhe prometeu uma boa recompensa. Aquele homem retirou do fosso o urso, o corvo e a serpente e, quando ia tirar o homem, a serpente disse que não o fizesse, porque, se o fizesse, seria mal recompensado. O eremita não quis acreditar no conselho da serpente e retirou o homem do fosso. O urso trouxe para o santo homem uma colméia de abelhas cheia de favos de mel, e após os comer à vontade, o eremita foi até uma cidade aonde desejava pregar. Ao entrar na cidade, o corvo trouxe-lhe uma preciosa guirlanda que era da filha do rei e que ele havia retirado de sua cabeça. O eremita tomou a guirlanda com grande satisfação, pois era muito valiosa. Naquela cidade havia um homem que andava gritando, dizendo que quem tivesse aquela guirlanda e a devolvesse à filha do rei receberia uma grande recompensa, mas se a guirlanda estivesse escondida e ele soubesse, quem a escondera teria uma pena muito grande. O bom homem eremita foi ao caminho onde estava o homem que ele havia retirado do fosso, que era ourives. O santo homem confiou secretamente a guirlanda ao ourives, e o ourives a levou à corte e acusou o santo homem. O santo homem foi preso, espancado e encarcerado. A serpente que o santo homem havia retirado do fosso foi até a filha do rei que dormia, e mordeu sua mão. A filha do rei gritou e chorou, pois teve sua mão inflamada muito fortemente. O rei ficou muito irado com a

....
(73) A palavra *sija* (sitja) significa uma cavidade subterrânea destinada a guardar a colheita, especialmente de

doença de sua filha, cuja mão estava inflamada e envenenada, e fez gritarem por toda a cidade que daria grandes dons ao homem que pudesse curar sua filha. A serpente foi ao dormitório do rei e disse ao seu ouvido que no cárcere de sua corte havia um homem preso que tinha uma erva com a qual poderia curar sua filha. A serpente tinha dado aquela erva ao bom homem e lhe tinha mostrado como colocar a erva na mão da filha do rei e a forma de pedir ao rei que fizesse justiça com o ourives, que tão mal lhe recompensara o bem que lhe havia feito. Assim, aconteceu conforme a serpente havia ordenado, o santo homem foi liberto do cárcere e o rei fez justiça com o ourives[74].

O Leão e todo o seu Conselho tiveram muito prazer com o exemplo que o Boi disse contra o homem e perguntou ao Boi se lhe parecia que devesse ter temor do rei dos homens. O Boi disse ao Leão que era coisa muito perigosa ter a inimizade do rei dos homens, porque nenhuma besta pode se defender do homem mau, poderoso e mestre[75].

O Leão esteve muito pensativo com o que o Boi disse, e Dona Raposa entendeu que o Leão tinha pavor do rei dos homens. Disse então ao rei estas palavras:

– Senhor, a mais orgulhosa besta e aquela onde existe mais avareza que em qualquer outra besta é o homem. Por isso, se fosse bom para vós e para vosso Conselho, seria de grande valia que enviásseis mensageiros e jóias ao rei dos homens, e que de vossa parte lhe contassem a boa vontade que vós lhe tendes e que lhe dessem vossas jóias, pois assim o rei conceberia o amor em seu coração para amar a vós e a vosso povo.

O rei e seu Conselho consideraram bom o que disse Dona Raposa, mas o Galo se opôs e disse estas palavras:

...

(74) Outro exemplo retirado de *Kalila e Dimna*.
(75) Mestre (maestre) no sentido de engenhoso, astuto, pois a palavra significa na Idade Média o mestre das artes mecânicas. São Bernardo (1090-1154) já tinha dado a definição para as artes mecânicas: "...a carpintaria, a arte da edificação e outras que são exercidas para a utilidade da vida neste mundo" – BERNARDO DE CLARAVAL, "Sermão sobre o conhecimento e a ignorância", em Jean LAUAND (org.), *Cultura e Educação na Idade Média*. Textos do século V ao XIII, São Paulo, Martins Fontes, 1998, p. 263. No entanto, Hugo de São Vítor (c. 1096-1141) foi o primeiro a situar as ciências mecânicas dentro da Filosofia. Em sua obra *Didascálion. Da Arte de Ler* (1127) (introd. e trad. de Antonio Marchionni. Petrópolis: Editora Vozes, 2001), ele propôs uma nova divisão quaternária para a Filosofia: 1) teórica (Teologia, Matemática e Física), 2) prática (individual, privada e pública), 3) mecânica (lã, armamento, navegação, agricultura, caça, medicina e teatro) e 4) lógica (Gramática e Raciocínio) – Ricardo da Costa.

— Em uma terra aconteceu que a Força e a Maestria[76] se opuseram diante de um rei. A Força dizia que ela, por natureza, tinha senhoria sobre a Maestria, e a Maestria dizia o contrário. O rei quis saber qual das duas deveria ter senhoria sobre a outra e as fez combater. A Maestria venceu e superou a Força.

— Por isso, senhor rei, disse o Galo, se vós tiverdes a amizade do rei dos homens e lhe enviardes mensageiros, ele também vos enviará mensageiros que conhecerão vossa pessoa e vossos barões, que não possuem engenho ou arte para defender-vos contra o rei dos homens, visto que os que combatem com arte e engenho se apoderam de todos aqueles que combatem com a força, mas sem a arte e a astúcia.

De sua parte, Dona Raposa alegou que Deus faz o que faz sem traquinagem nem astúcia e, por isso, convém, conforme a natureza, que sejam mais poderosos na batalha todos aqueles que combatem com semelhantes armas às Suas do que os que combatem com armas dessemelhantes às armas de Deus.

O Leão teve muito prazer com o exemplo de Dona Raposa, e quis de todas as maneiras enviar jóias e mensageiros ao rei dos homens. O rei perguntou quais mensageiros Dona Raposa aconselharia irem ao rei dos homens e quais jóias deveria enviar. Dona Raposa disse ao rei que o Boi o devia aconselhar, porque ele conhecia os costumes dos homens e com quais coisas eles se engrandeciam mais fortemente. O rei disse ao Boi que queria ser aconselhado com relação aos mensageiros e às jóias que desejava enviar ao rei dos homens, e então o Boi lhe disse estas palavras:

— Senhor rei, disse o Boi, é natureza do rei dos homens, quando envia seus mensageiros, escolhê-los entre os de seu Conselho, e dos mais nobres que há ali. Parece-me que entre os mais nobres conselheiros que vós haveis estão a Onça e o Leopardo. Por outro lado, o Gato é semelhante à vossa imagem, e o rei o terá em grande graça se vós enviardes jóias através do Gato e do Cão. O Gato porque lhe é semelhante, e o Cão porque caça, e os homens gostam muito da caça.

---

(76) No original *maestria*, "arte e perícia própria de um mestre; astúcia; engenho; habilidade para enganar", GGL, vol. III, 1984, p. 263 (N. dos T.).

Quando o Boi disse isso, o Leão o fez, e enviou a Onça e o Leopardo ao rei dos homens como mensageiros, e o Cão e o Gato com as jóias. Quando os mensageiros partiram da corte, o rei fez do Boi camareiro de sua cama e Dona Raposa passou a ter o ofício que o Cão costumava ter.

V – Dos Mensageiros que o Leão Enviou ao Rei dos Homens

O Leão doutrinou o Leopardo e a Onça sobre como deveriam ser mensageiros, e disse estas palavras:

– A sabedoria de um senhor é significada em mensageiros sábios, bem falantes, bons conselheiros e bons conciliadores. A nobreza de um senhor é significada em mensageiros que cumprem honradamente a sua missão, bem vestidos, que possuam uma companhia bem nutrida e bem ornamentada, e que eles e sua companhia não tenham avareza, gula, luxúria, soberba, ira, nem qualquer outro vício. Todas essas coisas e muitas outras são necessárias aos mensageiros de um nobre príncipe de tal maneira que a ação de enviar uma mensagem seja agradável ao príncipe e à corte a quem são enviados os mensageiros.

Quando o Leão doutrinou seus mensageiros com a forma que deveriam falar e se comportar diante do rei, os mensageiros partiram de sua corte e andaram por muito tempo por muitas e diversas terras. Tanto andaram que chegaram à cidade onde o rei dos homens tinha um grande parlamento. Aconteceu que, ao entrarem na cidade, viram loucas fêmeas de um bordel que pecavam com homens diante deles. Muito se maravilharam os mensageiros quando as viram, e o Leopardo disse a seu companheiro estas palavras:

– Um burguês tinha uma mulher como senhora, a quem muito amava. Aquele burguês alugava uma casa próxima de seu albergue para uma louca fêmea[77].

....

(77) Apesar de em outras passagens Llull se referir à mulher medieval, este trecho é bastante significativo para mostrar a forma com que ele se refere à mulher. Na mesma frase ele usa três palavras para defini-la: *dona*,

A mulher do burguês via freqüentemente loucos homens entrarem na casa daquela louca fêmea e ficou tomada pela vontade de usar a luxúria. Assim, aquela senhora ficou por muito tempo no pecado da luxúria. Um dia aconteceu que seu marido a encontrou pecando com um homem. O burguês ficou muito irado com a falta de sua mulher, e ela lhe disse estas palavras: "– Uma vez aconteceu que em um prado combatiam dois bois selvagens, e pelos grandes golpes que davam, o sangue saía da fronte. Aquele sangue caía na bela erva que havia naquela praça onde combatiam, e uma raposa lambia aquele sangue. Aconteceu que os dois bois investiram um contra o outro e encontraram a raposa no meio, ferindo-a nas costelas. Tão grande foi o golpe que deram na raposa que ela ficou à morte e, enquanto morria, disse que ela tinha sido a causa de sua morte."

– Senhor Leopardo, disse o Cão, é uma grande maravilha como os homens, que acreditam em Deus, não têm consciência, pois deixam pecar estas loucas fêmeas na presença das gentes que saem e entram nessa cidade. Parece-me que os habitantes e o senhor dessa cidade são luxuriosos e que, assim como os cães, usam desavergonhadamente da luxúria[78].

Após o Cão ter dito estas palavras, eles entraram na cidade e foram ao albergue. Depois disso, o Leopardo e o Cão foram ao rei com as jóias que traziam.

Os mensageiros estiveram muitos dias naquela cidade antes que pudessem falar com o rei, pois aquele rei tinha como costume somente se deixar ver tardiamente, para significar sua nobreza, e porque se tinha também em alta estima.

---

muller e *fembra* (senhora, mulher e fêmea), quando cita a esposa do burguês (senhora e mulher) e a prostituta (louca fêmea). Deve-se entender *dona* (senhora) com o sentido respeitoso de "esposa de alguém", como título nobiliárquico ou como uma mulher pertencente a alguma ordem religiosa; *muller* (mulher) para dar a idéia de esposa, mas sobretudo com o sentido carnal (mulher casada, subentendida "já desvirginada") e *fembra* (fêmea) – quase sempre acompanhada do adjetivo "louca" (folla) – com um sentido dúbio e pejorativo, pois além de fêmea mesmo (mulher no sentido mais carnal da palavra) também designa prostitutas e cortesãs. Llull utiliza a palavra fêmea para designar a qualidade mais baixa da mulher, aquela que a mulher preferiu em detrimento da mulher ideal cristã, a boa virgem. Assim, Llull nada mais faz do que repetir a ladainha eclesiástica medieval da condição feminina. Para todas essas questões, ver, sobretudo, Georges DUBY, *Eva e os Padres. Damas do século XIII*, São Paulo, Companhia das Letras, 2001 – Ricardo da Costa.

(78) Essa é uma afirmação bastante curiosa, pois é o próprio cão que a faz. Assim, no bestiário maravilhoso luliano, o cão está associado à luxúria.

Um dia aconteceu que os mensageiros tinham estado todo o dia na porta do rei sem conseguir falar com ele. Eles ficaram muito descontentes com o rei e sentiram-se enojados de estar em sua corte. Um homem injuriado, que também havia estado por muito tempo naquela corte sem ter podido falar com o rei, disse na presença dos mensageiros estas palavras:

"– Humilde é Deus, que é rei do Céu e da Terra e de tudo quanto existe, porque todas as vezes que o homem deseja ver e falar com Ele, pode vê-Lo e dizer suas necessidades. Este rei não tem porteiros aos quais o homem tenha que dar dinheiros[79], nem conselheiros que, por dinheiros, façam maldades e enganos, nem acredita em nenhum homem adulador, nem faz magistrados[80], juízes, bailios[81] ou procuradores que sejam orgulhosos, vangloriosos, avaros, luxuriosos e injuriosos. Bendito seja um rei como este e todos aqueles que o amam, o conhecem, o honram e o servem!"

Através das palavras que aquele homem dizia, os mensageiros entenderam que o rei era um homem injurioso, e a Onça disse ao Leopardo estas palavras:

– Um rei desejava dar sua filha como mulher a um outro rei, e secretamente enviou um cavaleiro à terra daquele rei para perguntar suas condições. Aquele cavaleiro perguntou aos camponeses e ao povo a respeito do estamento do rei, e todos lhe disseram coisas más[82]. Um dia aconteceu de aquele cavaleiro encontrar dois jograis que vinham da corte do rei, o qual dera dinheiro e vestes àqueles jograis[83].

---

(79) O dinheiro (no original *diner*) era a moeda de prata (*diners*, do latim *denariu* [denário], antiga moeda romana de prata). GGL, vol. II, 1983, p. 141.
(80) *Veguer* (do latim *vicariu*, escravo) = magistrado que recebia a jurisdição do rei para governar e administrar a justiça em uma comarca ou distrito do reino. Ver GGL, vol. V, 1985, p. 312 – Ricardo da Costa.
(81) Na Catalunha, a justiça era exercida pelo *viguier*, enquanto o bailio (*batlle*) administrava o patrimônio real. Em latim clássico, *bajulare* significa "carregar nas costas", e *bajulus* "carregador". Em francês medieval *bailir* (no sentido de administrar), no Sul *bajulus* e no Norte *bailli, baillivus*, com o sentido genérico de administrador, servidor. Ver Bernard GUENÉE, *O Ocidente nos séculos XIV e XV. Os Estados*, São Paulo, EDUSP, 1981, p. 154-155 – Ricardo da Costa.
(82) Embora já tenha surgido no Livro das Maravilhas a palavra camponês (no cap. 12 [Dos Apóstolos] – onde há um grande diálogo entre um rei e um camponês, e no cap. 31 [Da corrupção das árvores]), curiosamente esta é a primeira vez que aparece no texto o campesinato como ordem social e ao lado do povo, mas somente como atores sociais que não legitimam uma monarquia despótica – Ricardo da Costa.
(83) Jogral (*Joglar*) – Homem que andava pelos castelos e cortes de reis e senhores, cantando, bailando e tocando instrumentos ou fazendo jogos. GGL, vol. III, 1984, p. 175. Portanto, tratava-se de qualquer artista

O cavaleiro perguntou aos jograis a respeito dos costumes do rei e eles disseram que o rei era largo[84], caçador e amante de mulheres[85], e em muitas outras coisas louvaram o rei. Nestes louvores e na blasfêmia que o rei tinha por parte de seu povo, o cavaleiro entendeu que o rei era um homem mau e de vis costumes[86]. O cavaleiro contou a seu senhor o que ouvira dizer do rei, e o rei não quis dar sua filha àquele rei, pois sua consciência não queria dar sua filha a um homem mal acostumado.

Depois destas palavras, os mensageiros entraram na corte do rei e lhe deram as jóias que o Leão lhe enviara e uma carta da parte de seu senhor com as seguintes palavras: "- Em uma província havia um rei que tinha muitos barões honrados e que eram homens de grande poder. Para que seus barões o temessem e para que tivesse paz e justiça em sua terra, o rei procurou a grande amizade do imperador. Aquele imperador amava muito esse rei pelos prazeres que o rei lhe fazia e pelos bons costumes que tinha, e os barões do

....

que se dedicava a entreter as gentes. Nas *Leges Palatinae* do rei Jaime II de Maiorca se diz que "o ofício do jogral é proporcionar alegria". Antoni BONNER, OS, vol. II, 1989, p. 145. Assim, o jogral era, na Idade Média, o trovador ou intérprete de poemas e canções de caráter épico, romântico ou dramático. A interpretação também poderia ser realizada por alguém sob seu pagamento. Freqüentemente eram homens de alta posição e notoriedade, mas em muitos casos, de origem modesta: "Às vezes (...) um homem rude, lascivo e brutal (...) Mesmo se de origem modesta, ele se eleva ao nível social (...) e é tratado como igual dos grandes (...) alguns jogladores põem-se a serviço de trovadores célebres, que seguem em suas andanças, cantando seus versos e forjando sua lenda...", Roland DE CANDÉ, *História Universal da Música*, São Paulo, Martins Fontes, 1994, p. 260 – Ricardo da Costa.

(84) "o rei era largo", de largueza, generosidade. A largueza era a terceira das virtudes necessárias ao cavaleiro. Idealmente, ela realizava o gentil-homem, instaurando a distinção social, pois o cavaleiro tinha o dever de nada reter em suas mãos. De sua generosidade ele hauria a força que possuía e o essencial de seu poder – ou, pelo menos, o renome e a calorosa amizade que o cercava. Ver Georges DUBY, *Guilherme Marechal ou o melhor cavaleiro do mundo*, Rio de Janeiro, Edições Graal, 1987, p. 120-121. Em Ramon Llull, a largueza (*largesa, larguea, larguesa*) significava o mesmo: abundância em dar, generosidade, liberalidade. Essa é a razão por que Ramon inclui na primeira figura A as virtudes cavaleirescas como se fossem divinas. A largueza também significa Llull a caridade do cavaleiro, o respeito pelos feridos na batalha – Ricardo da Costa.

(85) No amor cortês dos séculos XII-XIII, o fato de o rei (ou qualquer nobre) ser "amante de mulheres" era visto de uma forma positiva. A cultura profana de então valorizava o amor fora do casamento. Para esse tema, ver Ricardo da COSTA e Priscilla Lauret COUTINHO, "Entre a Pintura e a Poesia: o nascimento do Amor e a elevação da Condição Feminina na Idade Média", em Nilda GUGLIELMI (dir.), *Apuntes sobre familia, matrimonio y sexualidad en la Edad Media*. Colección Fuentes y Estudios Medievales 12, Mar del Plata, GIEM (Grupo de Investigaciones y Estudios Medievales), Universidad Nacional de Mar del Plata (UNMdP), diciembre de 2003, p. 4-28.

(86) Anthony Bonner afirma que esta passagem é uma inversão total da visão tradicional do mundo trovadoresco medieval que é apresentada nas histórias literárias. Aqui Llull afirma que qualquer pessoa que se aproxima do ideal "normal" de mecenas trovadoresco é necessariamente um governante mau. Para um tratamento distinto do tema, ver o capítulo 118 do *Llibre de contemplació* (*Liber contemplationis magnus, escrito por volta de 1272-1273*). Antoni BONNER, OS, vol. II, 1989, p. 146.

rei, por temor do imperador, não ousavam desobedecer nada que seu senhor ordenava, e assim estavam submissos e o rei tinha paz em sua terra."

Quando o rei ouviu a carta que o Leão lhe enviou[87] e recebeu as jóias, deu o Gato a um trapeiro[88] que estava diante dele, e deu o Cão a um cavaleiro que gostava de caçar. Os mensageiros sentiram muito desprazer com o fato de o rei ter dado o Gato, que fora enviado pelo Leão para significar a sua pessoa, ao trapeiro, um homem que não era honrado.

Após os mensageiros retornarem para casa depois de terem falado por muito tempo com o rei a respeito da missão pela qual tinham vindo; o Cão foi até lá e lhes disse que estava muito descontente com o rei por tê-lo dado àquele cavaleiro, pois o fizera caçar o povo miúdo do Leão. Por isso, ele tinha consciência de estar fazendo uma coisa contra o seu senhor.

Um dia o rei convidou os mensageiros para uma grande corte. Em uma bela sala, o rei e a rainha comeram com muitos cavaleiros e senhoras, e diante do rei os mensageiros também comeram. Enquanto o rei e a rainha comiam, jograis andavam cantando e soando instrumentos pela sala, para e cima e para baixo, e diziam cantares desonestos e contrários aos bons costumes. Aqueles jograis louvavam o que devia ser blasfemado e blasfemavam o que devia ser louvado. O rei, a rainha e todos os outros riam, e tinham prazer no que aqueles jograis faziam[89].

....

(87) As cartas na Idade Média não possuíam o sentido privado e íntimo das cartas modernas. Eram textos para serem lidos em voz alta, perante uma platéia, e muitas vezes tinham uma intenção moralizante. "Não se escrevia uma carta no século XII como no tempo de Leopardi ou de Flaubert, nem como se escreve hoje, se é que ainda se escrevem cartas (...) A escrita, enfim, se conformava naquele tempo a regras codificadas e ensinadas com muita precisão. Sem conhecê-las bem, corremos o risco de nos enganar redondamente sobre o sentido do discurso assim construído" (Georges DUBY, Heloísa, *Isolda e outras damas no século XII*, Rio de Janeiro, Companhia das Letras, 1995, p. 68-69) – Ricardo da Costa.
(88) *Draper* = Fabricante ou vendedor de trapos (N. dos T.).
(89) Llull fora trovador, e conhecia bem tanto esse ambiente cultural nobiliárquico quanto esse ofício. No início da Vida Coetânia (1311), ele nos conta que era "...afeito na arte de trovar e compor canções e ditados das loucuras deste mundo" (I, 2). Assim, após sua conversão, reiteradamente criticou em várias passagens de obras suas os jograis e trovadores, como, por exemplo, no Livro da Ordem de Cavalaria: "O escudeiro deve jejuar na vigília da festa, por honra do santo da festa. E deve vir a Igreja orar a Deus na noite antes do dia que deve ser feito cavaleiro; deve velar e estar em preces e em contemplação e ouvir palavras de Deus e da ordem de cavalaria; e se escuta jograis que cantam e falam de putarias e pecados, no começo que entra na ordem de cavalaria começa a desonrar e a menosprezar a ordem de cavalaria (IV, 3)" – RAMON LLULL, *O Livro da Ordem de Cavalaria* (apres., trad. e notas de Ricardo da Costa), São Paulo, Editora Giordano/Instituto Brasileiro de Filosofia e Ciência Raimundo Lúlio, 2000, p. 67.

Enquanto o rei e todos os outros se divertiam com o que os jograis faziam e diziam, um homem pobremente vestido, com grande barba, veio àquela sala e disse, na presença do rei, da rainha e de todos os outros, estas palavras[90]:

– Não se esqueçam rei, rainha, seus barões e todos os outros, grandes e pequenos que comem nesta sala, que Deus criou todas as criaturas que estão na távola do rei e de todos os outros: criou diversas e delicadas comidas e as fez vir de longas terras para estar a serviço do homem, e o homem a serviço de Deus. Rei e rainha, não pensem que Deus esquece a desonestidade e o desordenamento que existe nesta sala, na qual Deus está sendo desonrado. Aqui não existe quem repreenda o que deve ser repreendido, quem louve o que deve ser louvado, nem quem faça graças a Deus pela honra que Deus fez neste mundo ao rei, à rainha e a todos os outros.

Quando o bom homem disse essas palavras, um sábio escudeiro ajoelhou-se diante do rei e pediu que lhe desse um ofício em sua corte para louvar o que deveria ser louvado e blasfemar o que deveria ser blasfemado. O rei não quis consentir com a vontade do escudeiro, pois tinha pavor que o escudeiro o blasfemasse pelas faltas que estava acostumado a fazer, faltas nas quais se deleitava e estava predisposto a fazer até o fim de seus dias, e que somente no fim se propunha a fazer penitência de seus pecados.

Enquanto o escudeiro pedia ao rei que lhe desse o ofício e o rei lhe dizia não, o juiz[91] daquela cidade entrou na corte e ficou diante do rei, e apresentou um homem que tinha matado um cavaleiro de maneira torta[92]. Aquele rei mandou enforcar o homem que havia matado o cavaleiro, e o homem disse ao rei estas palavras:

– Senhor rei, é costume de Deus perdoar o homem que lhe clama misericórdia. A vós, que na terra ocupais o lugar de Deus, peço perdão, e vós deveis perdoar, pois Deus perdoa[93].

....

(90) Novamente surge na narrativa um personagem semelhante ao autor. Esta cena é similar à descrita no capítulo 30, livro 5, o que possivelmente indica tratar-se mais uma vez de uma passagem autobiográfica.
(91) Na Catalunha, a justiça era exercida pelo viguier. Ver Bernard GUENÉE, O Ocidente nos séculos XIV e XV. Os Estados, São Paulo, EDUSP, 1981, p. 154-155 – Ricardo da Costa.
(92) "De maneira torta", isto é, de forma indigna (N. dos T.).
(93) Para toda esta tradição de magnanimidade real para perdoar homicídios, ver especialmente Natalie Zemon DAVIS, Histórias de perdão e seus narradores na França do século XVI, São Paulo, Companhia das Letras, 2001 – Ricardo da Costa.

O rei respondeu com estas palavras:

– Deus é justo e misericordioso. Faz justiça se perdoa a quem não comete conscientemente uma falta. Quando erra por algum acidente ou porventura se penitencia e pede perdão, a misericórdia de Deus o perdoa. Mas a justiça de Deus não concordaria com a misericórdia se a misericórdia perdoasse o homem que se propõe a cometer pecado e depois tem esperança de pedir perdão. E como tu te propuseste a matar o cavaleiro e depois tiveste a esperança que eu te perdoaria, não és digno de perdão.

Através das palavras ditas pelo rei, os mensageiros entenderam que o rei dizia palavras opostas às do escudeiro e que não queria dar-lhe o ofício pretendido.

Após o rei e todos os outros terem comido e saído da sala, os mensageiros voltaram para suas casas, e um disse ao outro que grande seria a nobreza da corte e o poder que o rei tinha de gentes e de tesouros se ele fosse um homem sábio e temente a Deus. Ambos mensageiros foram para casa, onde encontraram um hospedeiro que chorava muito fortemente e mostrava grande dor.

– Senhor hospedeiro, disseram os mensageiros, por que vós chorais? O que há?

– Senhores mensageiros, disse o hospedeiro, nesta cidade o rei teve um grande parlamento, onde uniu muitas gentes vindas de distantes terras. As despesas que o rei teve foram grandes e, por isso, impôs uma coleta muito grande de dinheiro a essa cidade, e isso me custou mil *souls*, os quais terei que pedir aos judeus.

– Senhor hospedeiro, disseram os mensageiros, o rei não tem um tesouro?

O hospedeiro respondeu que o rei não tinha um tesouro, mas pedia emprestado de suas gentes e fazia essa coleta durante as cortes, que reunia duas vezes todos os anos. E assim, ele arruinava suas gentes, pois fazia grandes despesas nas cortes e toda a sua terra empobrecia pela grande despesa que tinha.

– Belo amigo, disse a Onça, qual a utilidade das cortes que o rei faz todos os anos?

O hospedeiro respondeu que não havia nenhuma, pelo contrário, seguia-se um grande prejuízo, porque as gentes empobreciam e, pela pobreza que tinham, cometiam muitos enganos e faltas, e o rei ficava em ira contra todo seu povo, porque dava tanto e gostava de suas cortes que sua renda não era suficiente para provê-las e, assim, tolhia a uns e dava a outros. E quando se esperava que o rei dissesse alguma novidade e apresentasse algum grande fato a tratar, ele não dizia nada, e partiam do rei totalmente descontentes, escarnecendo-o e menosprezando-o totalmente.

Quando os mensageiros ouviram tais palavras sobre o rei, menosprezaram tanto o rei quanto todos os homens de sua terra, e o Leopardo disse ao hospedeiro estas palavras:

– Existe um grande dano nesta terra porque não há senhor bem acostumado que a tenha em justiça e em paz.

– Senhor, disse o hospedeiro, não se poderia calcular o dano que se segue por causa do malvado príncipe; um é pelo mal que faz, o outro, pelo bem que poderia fazer e não o faz. Assim, através de um malvado príncipe, segue-se dano de duas maneiras, segundo o que ouvistes. Este rei a quem vós fostes enviados é um homem que confia muito em seu Conselho, mas seu Conselho é perverso, malvado e de vis homens. E cada um de seu Conselho pensa mais em ser rei que o próprio rei e, juntos, consomem o reino. Por sua vez, o rei não os protege nem lhes dá atenção, mas somente anseia pela caça, diversão, luxúria e a prática de vaidades[94].

Após o rei ter dormido, os mensageiros foram ao seu palácio, mas não puderam entrar nem falar com ele até subornar os porteiros. Quando os mensageiros estiveram diante do rei, ele honrou mais o Leopardo que a Onça, dirigindo-lhe um olhar mais prazeroso e fazendo-o sentar mais próximo de si que a Onça. A Onça teve inveja disso e ficou irada com o rei, porque acreditava que ele a devia honrar tanto ou mais que o Leopardo.

Enquanto o rei estava com os mensageiros, quatro cidades enviaram-lhe oito bons-homens[95], que fizeram queixas dos oficiais que tinham em suas cidades, que eram homens maus, pecadores e destruíam sua terra. Em nome de todas as cidades os oito bons-homens pediram ao rei que lhes dessem bons oficiais, e o rei enviou-os a seu Conselho, dizendo que

....
(94) Talvez essa seja uma crítica indireta – como as de seus contemporâneos – aos conselheiros de Filipe IV, o Belo, da França (1268-1314).
(95) No original *prohòmens*, "homens respeitáveis, que merecem uma consideração especial", GGL, vol. IV, 1985, p. 249 (N. dos T.).

seu Conselho proveria seus pedidos. Quando os oito bons-homens foram ao Conselho do rei e mostraram suas razões, o Conselho os repreendeu fortemente, pois naquele Conselho havia amigos dos oficiais das quatro cidades, e por seu próprio conselho faziam o mal que faziam, e dividiam os dinheiros ganhos desonestamente. Aqueles oito bons-homens retornaram sem resolver nada com o rei.

– Senhor rei, disse o Leopardo, que vós desejais dizer a meu senhor o rei?

O rei disse ao Leopardo que saudasse seu rei e que lhe dissesse para enviar um belo urso e um lobo, porque ele tinha um javali muito forte que desejava colocar em combate com o urso mais forte que pudesse encontrar. E tinha também um cão de caça[96] que desejava colocar para lutar contra o pior lobo que existisse na corte do Leão.

Ambos mensageiros despediram-se do rei e partiram descontentes de sua corte, porque o rei os retivera por tanto tempo sem lhes dar nada nem enviar nenhuma jóia ao rei seu senhor, pelo contrário, fez parecer aos mensageiros que desejava subjugar seu senhor, o Leão.

No caminho no qual retornaram para sua terra, os mensageiros encontraram os oito bons-homens que também retornavam muito irados e descontentes com o rei e todo o seu Conselho. Tanto andaram os mensageiros com os bons-homens que falaram das palavras do rei, de seu Conselho e de seu comportamento. Uns e outros falaram mal do rei e de seu Conselho. O Leopardo fez então esta pergunta aos bons-homens:

– Senhores, por acaso parece-vos que o rei tem culpa do dano que se segue por causa de seu malvado governo?

Um dos oito bons-homens respondeu com estas palavras:

– Em uma cidade havia um nobre burguês muito rico que, ao morrer, deixou tudo o que tinha para seu filho. Muitas pessoas pediram e ofereceram coisas ao filho do burguês: uns desejavam dar-lhe uma mulher, outros pediram que entrasse em uma ordem. O jovem teve vontade de vender tudo o que tinha e construir um albergue e uma ponte: o albergue seria para hospedar os peregrinos que passavam por aquela cidade quando vinham de

....

(96) No original *alà*, "cão de caça, grande e forte, de raça espanhola", GGL, vol. I, 1982, p. 71.

Ultramar⁽⁹⁷⁾, e a ponte seria para os peregrinos passarem sem cair na água, pois a água ficava na entrada da cidade e muitos peregrinos que vinham e iam para Jerusalém ali se afogavam. Quando o filho do burguês construiu o hospital e a ponte, uma noite, quando foi dormir, sonhou que teria mérito diante Deus por tudo de bom que o hospital e a ponte proporcionavam[98].

As palavras que o Leopardo ouviu fizeram com que ele entendesse que o rei sofreria uma pena no Inferno, tão grande o dano que sempre se seguiria por causa dos maus costumes que seu malvado Conselho introduzia na sua terra, e disse que a pena que estava reservada ao rei e seu Conselho era inestimável. Disse ainda a si mesmo que amava mais ser uma besta irracional – embora nada restasse de si depois de sua morte – que ser rei dos homens, no qual existe tanta culpa pelo mal que se segue de sua maldade. Os mensageiros e os bons-homens despediram-se agradavelmente e partiram. O Leopardo disse aos bons-homens que confiassem em Deus, que num breve espaço de tempo daria um bom senhor com um bom Conselho e bons oficiais, e não se desesperassem de Deus, porque Ele não permite que um príncipe malvado viva por muito tempo para fazer tanto mal quanto faria se vivesse longamente.

Assim que o Leão enviou seus mensageiros e suas jóias ao rei dos homens, Dona Raposa, que agora era porteiro do rei, disse a ele que o Leopardo tinha como mulher a mais bela besta que existe em todo o mundo. Dona Raposa louvou tanto Dona Leoparda que o rei se enamorou da Leoparda e a tomou como mulher, malgrado a rainha e todo seu Conselho, que tiveram grande pavor de Dona Raposa ao verem que havia induzido o rei a uma falta tão grande contra sua boa mulher e contra o Leopardo, que era seu leal servidor.

....

(97) Ultramar = Palavra que na Idade Média designava o Oriente Médio, a Palestina, e mais especificamente a cidade sagrada de Jerusalém. Na Idade Média, um hospital era uma espécie de hospedaria, dedicada a receber pobres, doentes e, sobretudo, peregrinos e viajantes. Por exemplo, a Ordem do Hospital de São João de Jerusalém, criada em 1048 e transformada em uma ordem monástico-militar em 1120, tinha exatamente essa atividade: o *obsequium pauperum*, o serviço dos pobres e a atividade hospitalar (além da tuito fidei, a proteção da fé ou dos fiéis e de seus territórios). Ver Ricardo da COSTA, A Guerra na Idade Média. Um estudo da mentalidade de cruzada na Península Ibérica, Rio de Janeiro, Edições Paratodos, 1998, p. 123 e Annie SAUNIER, "A vida quotidiana nos hospitais da Idade Média", em Jacques LE GOFF (apres.), *As doenças têm história*, Lisboa, Terramar, 1985, p. 205-220 –Ricardo da Costa.
(98) Mais uma vez no Livro das Maravilhas o sonho surge na história como um canal com a consciência do homem. Llull já se referira ao sonho no cap. 16 (Da palavra dos anjos).

– Belo amigo, disse o Boi à Dona Raposa[99], tenho grande temor que o Leopardo vos mate quando souber que vós haveis induzido o rei a forçar sua mulher.

Dona Raposa disse ao Boi estas palavras:

– Uma vez aconteceu de uma donzela cometer uma grande falsidade contra a rainha a quem servia. O rei tinha um grande cuidado com aquela donzela[100], e a rainha a temia por isso. Por causa desse pavor, a rainha não se vingava da donzela.

Quando os mensageiros chegaram e foram contar a sua missão, o Leopardo foi para sua casa esperando encontrar sua mulher, que muito amava. A Doninha e todos os outros que eram da casa do Leopardo ficaram em grande tristeza quando viram seu senhor, e contaram ao Leopardo a desonra que o rei lhe fez quando forçou sua mulher. O Leopardo, maravilhado, ficou irado contra o rei e perguntou à Doninha se sua mulher ficou irada ou satisfeita quando o rei a tomou para seu serviço.

– Senhor, disse a Doninha, Dona Leoparda ficou muito irada com a aproximação do rei e chorou por muito tempo, lamentando separar-se de vós, porque vos amava acima de todas as coisas.

A ira do Leopardo cresceu porque sua mulher foi ao serviço do rei forçada, pois se ela tivesse ido satisfeita, ele não teria tanto desprazer. Estando o Leopardo nessa ira, ele cogitou uma maneira de se vingar do Leão, que tão grande traição lhe fizera.

---

(99) Já comentamos anteriormente a curiosidade do texto luliano em relação à Dona Raposa, quando usa adjetivos masculinos para designar qualidade de um personagem feminino (N. dos T.).
(100) "...tinha um grande cuidado com aquela donzela", isto é, ela era uma favorita do rei (N. dos T.).

VI – Do combate do Leopardo e da Onça

O Leopardo foi à corte do rei, e quando Dona Raposa o viu chegando, disse secretamente ao rei estas palavras:

– Senhor, por causa de vossa aproximação à Leoparda eu caí na ira do Leopardo. Logo, se vós diante do Leopardo não me honrardes e não me fizerdes a honra de estar mais próximo de vós que qualquer outro, creio que o Leopardo me matará.

Naquela hora o Leão colocou Dona Raposa em seu Conselho e a fez estar próxima de si para que o Leopardo não ousasse feri-la nem matá-la. E pelo conselho de Dona Raposa, fez o Pavão de porteiro, por seu olfato apurado. O Conselho do rei e todos os barões que estavam naquela praça tiveram desprazer com a honra que o rei fez à Dona Raposa e, acima de todos, o Leopardo, ao qual haviam dito que Dona Raposa fora a causa do casamento de sua mulher com o rei.

O Leopardo foi perante o rei e de muitos outros honrados barões e acusou o rei de traição, dizendo que ele falsamente havia tomado sua mulher. E que se houvesse algum barão na corte que desejasse redimir o rei de sua traição, ele o combateria e lhe faria dizer que o rei era traidor. Naquele momento, o Leopardo firmou a batalha e deu sua garantia ao rei. Como o Leopardo havia acusado o rei de traição diante de todo seu povo, o rei ficou muito irado com o Leopardo e teve grande vergonha por suas gentes, por ter sido chamado de traidor. O rei disse a seus barões:

– Quem de vós deseja tomar a batalha contra o Leopardo que me acusa de traição?

Todos os barões se calaram, até que Dona Raposa disse estas palavras:

– A traição é uma coisa muito desagradável a Deus, e causa grande desonra a todo o povo do rei que seu senhor seja chamado de traidor.

Assim como o Leopardo comete grande desonra a seu senhor, e por fazer desonra desejou o rei colocá-lo em perigo de morte, da mesma forma fará honra todo bom barão que livre o rei da traição e que, por salvar sua honra, se coloque em batalha, recebendo do rei uma grande recompensa.

Pela grande desonra que o rei tinha recebido quando o Leopardo o acusou de traição – e porque a Onça odiara o Leopardo quando o rei dos homens o havia honrado mais que a ela – a Onça tomou a batalha para desculpar o rei de traição. Contudo, doía-lhe a consciência, pois sabia que o rei cometera maldades e enganos contra o Leopardo que sempre lealmente o servira.

O Leopardo e a Onça foram para o campo e todo o povo disse: "Agora aparecerá o vencedor, a verdade ou a falsidade".

Naquele momento, o Galo perguntou à Serpente quem lhe parecia que devesse vencer a batalha, e a Serpente disse estas palavras:

– A batalha foi travada para que a Verdade confundisse e destruísse a Falsidade. Deus é Verdade, toda pessoa que sustenta a Falsidade combate contra Deus e Sua Verdade.

O Leopardo e a Onça entenderam as palavras que a Serpente dizia secretamente ao Galo. O Leopardo ficou muito consolado e a Onça recorreu tristemente à consciência. Teve pavor que os pecados do rei fossem a oportunidade de sua desonra e morte[101].

A batalha entre o Leopardo e a Onça durou todo aquele dia até a hora das completas[102]. A Onça defendeu-se muito fortemente do Leopardo, a qual teria vencido e matado se sua consciência não a atormentasse. O Leopardo se esforçava e se revigorava, através da verdade e da ira, contra o rei, cuidando de não desfalecer. Tão forte era o Leopardo pela esperança em seu direito que tinha a certeza de que nada o venceria[103]. Por fim, a Onça foi vencida, e ela teve que dizer, diante de toda a corte, que o rei, seu senhor, era falso e traidor.

---

[101] No Livro dos Mil Provérbios (1302) Llull afirma que "A verdade não tem pavor e a mentira e a falsidade não têm coragem" (XIX. Da Verdade, trad.: Ricardo da Costa e Grupo II de Pesquisas Medievais da Ufes) – Esteve Jaulent.

[102] Completas, isto é na hora de dormir. "As horas do dia eram denominadas segundo as horas de orações: matinas (meia-noite), laudes (três da manhã), primas (primeiras horas do dia, ao nascer do Sol ou cerca de seis da manhã), vésperas (seis da tarde) e completas (na hora de dormir)", Barbara W. TUCHMANN, Um Espelho Distante. O terrível século XIV, Rio de Janeiro, José Olympio Editora, 1990, p. 56 – Ricardo da Costa.

[103] Pautar-se pela razão faz o Leopardo sentir-se forte – Esteve Jaulent.

O rei ficou muito confuso e envergonhado com aquela batalha. O Leopardo matou a Onça e todo o povo teve vergonha da desonra de seu senhor.

Por sua vez, o rei esteve em tamanha vergonha e abatimento[104] diante de seu povo e ficou tão irado com o Leopardo, que lhe havia feito tão grande desonra, que não se conteve e matou o Leopardo diante de todos, que não pôde se defender porque estava cansado. Todos que estavam na praça do rei sentiram-se descontentes com a falta que o rei havia cometido, e cada um desejou estar na senhoria de outro rei, porque a sujeição do povo a um rei injurioso, irado e traidor é coisa muito perigosa.

O rei esteve toda aquela noite irado e abatido. Na manhã seguinte, ele reuniu seu Conselho e pediu que o aconselhassem sobre o pedido que o rei dos homens lhe fizera, isto é, que lhe enviasse um urso e um lobo.

– Senhor, disse a Serpente, que era o mais sábio conselheiro que o rei tinha, há em vossa terra muitos ursos e lobos. Podeis escolher, a vosso prazer, o urso e o lobo que quiserdes enviar.

Por sua vez Dona Raposa falou que o rei dos homens é o mais nobre e o mais poderoso rei que existe em todo o mundo:

– Por isso, é necessário que envieis, senhor, os mais sábios e mais fortes ursos e lobos que tiverdes, porque se não o fizerdes, podereis ser blasfemado e estar em perigo.

O rei perguntou à Dona Raposa quais eram os mais sábios e os mais fortes ursos e lobos que existiam em seu reino, e Dona Raposa respondeu que eram o Urso e o Lobo de seu Conselho, e que lhe parecia que cada um era mais sábio e mais forte que qualquer urso ou lobo que existiam em seu reino.

O rei achou por bem enviar o Urso e o Lobo que eram do seu Conselho, e o Urso e o Lobo não desejaram esquivar-se, porque amavam a honraria e temiam se esquivar e serem julgados covardes. Dona Raposa disse ao rei que assim como enviava ao rei dos homens as mais nobres pessoas de toda a sua terra, deveria enviar também o mais sábio mensageiro de sua corte para guiar o Urso e o Lobo com seus presentes. O rei achou isso bom, e disse à Serpente que ela seria sua mensageira.

---

(104) No original *confusió*, "estado psicológico de derrota, de ter sido vencido", GGL, vol. I, 1982, p. 398.

Mas antes que a Serpente saísse da corte do rei para ser sua mensageira, disse estas palavras:

– Uma vez aconteceu que uma raposa encontrou em uma bela planície um monte de vísceras e um anzol que um pescador havia colocado para prender a raposa, caso ela comesse aquelas vísceras. A raposa, vendo as vísceras, não as quis tocar, e disse estas palavras:

"- Estas vísceras não foram colocadas neste prado sem alguma intenção de provocar trabalho e perigo".

Depois de o Leão ter pecado e matado o Leopardo, não teve mais tanta sutileza nem engenho como tivera antes, e não entendeu o significado das palavras que a Serpente disse[105]. Pediu então à Serpente que lhe expusesse as palavras conforme seu entendimento. A Serpente disse que depois que o Boi e Dona Raposa foram à sua corte, esta não ficou mais sem trabalhos e tribulações. Por isso, a honraria que o Leão havia feito ao Boi e à Dona Raposa seria também a causa de existirem trabalhos e tribulações para o rei e sua corte.

Quando o Boi ouviu que a Serpente o estava acusando perante o rei, se defendeu diante dele e diante da Corte, e disse que não era culpado de coisa tão má, nem lhe parecia ter feito alguma coisa má contra o rei e sua Corte, porque o rei o tinha honrado e porque sendo besta boa para comida do rei, mesmo assim o rei não queria comê-lo e, por isso, devia guardar e salvar toda a honra do rei. Então o Boi se desculpou ao rei de todas as maneiras, e disse como Dona Raposa lhe aconselhara gritar três vezes à noite e três vezes ao dia, e que depois viesse à corte para tratar coisas boas com o rei.

---

(105) "Se o Leão já começara a perder a integridade interior – e, em conseqüência, a sua capacidade intelectual, iniciara o processo de deterioração – o leopardicídio, que fora também outro ato irracional motivado por um excesso de sentimento mau, agravou por demais a intoxicação de sua mente. Parece-nos que a concepção luliana de lucidez, pelas perspectivas de aplicação prática que apresenta, é um dos temas que mais deveria atrair os estudiosos de sua obra, toda ela impregnada dessa doutrina que, além do mais, nos parece profundamente experienciada pelo próprio Llull. Referindo-se a si mesmo nos anos anteriores à sua conversão, conta-nos que, "como água barrenta, suja e envenenada, assim estão cheios de trevas meus pensamentos" (Llibre de contemplació, *[Liber contemplationis magnus, escrito por volta de 1272-1273])*, cap. 166, 22. Ver também OE, 1960, vol. II, p. 476-477). O homem reconquistará a sua lucidez mediante os hábitos bons, obras racionais, fruto da liberdade humana. Os hábitos bons possibilitam a penetração do racional na sensibilidade, acabando de vez com a indeterminação dos sentimentos." – Esteve JAULENT, "Capítulos Introdutórios", em RAMON LLULL, Livro das Bestas, São Paulo: Editora Giordano / Edições Loyola, 1990, p. 28-29.

O Boi desculpou-se ao rei de tal maneira que Dona Raposa teve desprazer e em seu coração concebeu uma má vontade contra o Boi. Um dia nevou muito e fez muito frio, e o Leão e aqueles de sua corte não tinham o que comer e tiveram grande fome.

O Leão perguntou à Dona Raposa o que poderiam comer. Dona Raposa disse que não sabia, mas que iria ao Pavão para lhe perguntar se alguma besta estava próxima daquele lugar, para que o rei e seus companheiros pudessem comer.

O Pavão, vendo Dona Raposa chegar, teve grande pavor porque muito a temia. Dona Raposa disse ao Pavão que se o rei lhe perguntasse de alguma besta que pudesse ser comida, que dissesse ao Leão que não sabia de nenhuma, mas que, sentindo a respiração do Boi, achava que ele deveria morrer em breve de alguma doença. O Pavão, por temer Dona Raposa e porque o Boi comia seu trigo, consentiu em sua morte, e disse ao Leão o que Dona Raposa lhe havia dito.

Quando o Leão perguntou ao Pavão o que poderia comer, o Pavão disse ao Leão que não sabia, mas sabia que o Boi deveria morrer em breve conforme o significado de sua respiração corrompida, o Leão teve vontade de comer o Boi, mas pesou-lhe na consciência o pensar em matá-lo, porque lhe havia prometido lealdade e porque o Boi o servira por muito tempo e confiava nele.

Quando Dona Raposa viu que o rei hesitava em comer o Boi, se aproximou do rei e lhe perguntou por que não comia o Boi, já que o Boi deveria morrer em breve por doença, segundo o conhecimento do Pavão, e principalmente sendo vontade de Deus que o rei tenha suas necessidades satisfeitas pelos seus súditos, todas as vezes que for necessário.

O Leão respondeu à Dona Raposa, e disse que por nada quebraria a fé que havia depositado no Boi.

– Senhor, disse Dona Raposa, vós comereis o Boi se eu fizer que ele mesmo peça que o comais e se ele vos livrar da fé que lhe haveis prometido?

O Leão prometeu que sim.

Naquele momento Dona Raposa foi a um Corvo que tinha grande fome, e lhe disse estas palavras:

– O Leão tem fome, e eu planejo matar o Boi, que é muito grande e bastará a todos, como grande besta que é. E se o Leão disser diante de ti que tem fome, tu te oferecerás ao rei e dirás que te coma. Mas ele não te comerá, porque eu te defenderei, e ele não rejeitará meu conselho porque tudo o que aconselho, ele faz; e se eu me oferecer ao rei como comida, tu dirás que eu não sou bom para ser comido, e que minha carne não é saudável.

Após ter doutrinado o Corvo, ele foi ao Boi e lhe disse que o rei desejava comê-lo, porque o Pavão lhe tinha dito que sabia que tinha pouco tempo de vida por causa de sua doença. O Boi teve grande pavor e disse que a palavra que o camponês disse ao cavaleiro era verdadeira.

– E como foi isso? – disse Dona Raposa. O Boi lhe disse então estas palavras:

– Um rico camponês desejava honraria e deu sua filha como mulher a um cavaleiro que amava a riqueza do camponês. A honraria converteu-se em riqueza, mas a riqueza não conseguiu ter tão grande poder no camponês que o tornasse honrado. A honraria do cavaleiro tirou a riqueza do camponês de tal maneira que este ficou pobre e sem honra, e o cavaleiro rico e honrado. Então o camponês disse ao cavaleiro que a intimidade entre o cavaleiro e o camponês fez o camponês ficar em trabalhos e pobreza, e o cavaleiro em honra. Assim, disse o Boi, a intimidade do Boi com o Leão resultará na morte do Boi e na satisfação do Leão[106].

Dona Raposa disse ao Boi que não tivesse medo, pois o Leão lhe fizera uma promessa de fidelidade e que não o trairia, e aconselhou o Boi que, caso fosse necessário, se oferecesse como comida ao Leão, e então o Leão lhe seria muito grato e por essa gratidão ofertada e pela dívida que tinha com ele não lhe faria nenhum mal. E ainda – disse ela – que o ajudaria de tal maneira que o Leão não lhe faria vilania nem injustiça.

Quando Dona Raposa ordenou todas essas coisas, foi até o Leão com

---

(106) Além da idéia da intimidade como algo prejudicial às partes envolvidas, este exempla contado pelo Boi à Dona Raposa mostra bem o caráter estamental da sociedade medieval, isto é, a condição social do indivíduo era determinada por seu nascimento e sua função, e não por sua riqueza material. Daí a possibilidade da existência de um camponês rico e um nobre pobre ("A maioria dos cavaleiros leva, numa casa rural, uma existência semicamponesa e dirige sozinho o cultivo de suas pequenas propriedades quando não precisa atender às funções bélicas; e não faltam fidalgotes famélicos [...] que mal conseguem custear suas armas e que são obrigados, para não descer ao nível dos camponeses, a lançar-se à aventura", Maurice CROUZET, [dir.], História Geral das Civilizações. A Idade Média. O período da Europa feudal, do Islã turco e da Ásia mongólica [séculos XI-XIII], Rio de Janeiro, Bertrand Brasil, 1994, vol. VII, p. 22) –Ricardo da Costa.

o Boi e o Corvo, e o Corvo se aproximou do Leão e lhe disse que sabia de sua fome e pediu que o comesse.

Dona Raposa respondeu e defendeu o Corvo, dizendo que não era carne conveniente para ser comida de rei. Depois dessas palavras, Dona Raposa disse ao rei que a comesse, porque não tinha outra coisa para dar-lhe para comer, mas somente a si mesma, e o Corvo disse ao Leão que a carne de Dona Raposa não era saudável para comer. Naquele momento, com palavras semelhantes o Boi se ofereceu ao Leão, e disse ao Leão que o comesse, porque ele era grande e gordo e tinha uma boa carne para ser comida. Então o Leão matou o Boi, e Dona Raposa, o Corvo e o rei comeram dele à vontade[107].

Quando o Boi foi morto, o Leão perguntou ao Galo e à Dona Raposa quem seria seu camareiro. O Galo desejou falar primeiro, mas Dona Raposa o olhou com ira e ele hesitou falar antes que Dona Raposa falasse. Dona Raposa falou ao rei, dizendo-lhe que o Coelho tinha um belo semblante, era uma besta humilde e estaria bem no ofício exercido pelo Gato e o Boi.

O Leão perguntou ao Galo se achava bom o que dizia Dona Raposa, e o Galo não ousou dizer nada contra o conselho de Dona Raposa, porque muito temia, e aconselhou o rei a fazer a mesma coisa que Dona Raposa havia aconselhado. O Leão fez do Coelho camareiro, e Dona Raposa teve grande poder na Corte, porque o Galo, o Pavão e o Coelho a temiam, e o Leão acreditava em tudo que Dona Raposa lhe dizia.

Um dia aconteceu que o rei teve que entender um grande feito que havia acontecido em seu reino e se aconselhou com o Galo e com Dona Raposa. O Galo disse ao rei que em tão grandes negócios ele não era suficiente para aconselhá-lo sem outros companheiros, e aconselhou o rei a aumentar seu Conselho, porque não era honra de rei ter um conselho diminuído, Conselho que havia diminuído depois da perda da Serpente, do Leopardo, da Onça e do Lobo. O rei houve por bem fazer conselheiros, e o teria feito se Dona Raposa não tivesse dito estas palavras:

– Em uma terra vivia um homem a quem Deus dera tanta ciência que entendia tudo o que diziam as bestas e os pássaros. Deus dera-lhe aquela

---

(107) Esta história também é proveniente de *Kalila e Dimna*, mas no original é o Corvo que prepara a trama (e não Dona Raposa) com um Lobo e um Chacal como companheiros e um Camelo, que é devorado no fim.

ciência com a condição de não dizer nada do que as bestas e os pássaros ouviam e diziam a nenhuma pessoa, pois, no dia que dissesse, morreria. Aquele homem tinha uma horta na qual um boi puxava água de um poço com uma nora[108], e um asno carregava os excrementos com os quais adubava aquela horta. Aconteceu que, nas vésperas[109], o Boi estava cansado, e o asno o aconselhou a não comer a cevada para que, no dia seguinte, ele repousasse, e o homem não o colocasse a puxar água. O boi seguiu o conselho do asno e não comeu a cevada nas vésperas. O hortelão cuidou do boi como se ele estivesse doente, e colocou o asno em seu lugar para tirar a água. Todo aquele dia o asno esteve em grandes trabalhos puxando a água. Quando chegou a noite, ele foi para o estábulo, onde encontrou o boi deitado e descansando. O asno chorou diante do boi e disse estas palavras: "- O senhor", disse o asno, "quer que vá a um açougueiro pois está pensando que estás doente. Por isso, antes que te mate, é bom que tu retornes a teu ofício e não mostres um semblante doente".

O asno disse essas palavras ao boi para que o homem não tornasse a levá-lo a puxar água do poço, que era um trabalho maior que o de carregar os excrementos. O boi teve pavor de morrer e comeu a cevada naquela noite para ficar com o aspecto de curado. O homem, que era o senhor do boi e do asno, entendeu o que eles disseram, e riu diante de sua mulher daquilo que o asno e o boi disseram.

A mulher daquele homem quis saber do porquê seu marido ria, e ele não quis dizer, porque temia a morte que lhe sobreviria se dissesse que entendia o que as bestas e as aves diziam.

A mulher pediu por muito tempo a seu marido que dissesse do que estava rindo, mas ele não quis dizer. Sua mulher disse que não comeria nem beberia e que se deixaria morrer se seu marido não lhe contasse. Todo aquele dia e toda a noite a má mulher jejuou, não querendo comer nem beber. O marido, que muito a amava, disse que lhe diria e fez seu testamento. Depois do testamento, quis dizer à sua mulher do que ria. Mas ouviu o que o cão disse ao galo e o que o galo respondeu ao cão.

....

(108) Sínia, nora (do árabe *anna'urâ*), aparelho para tirar água dos poços, cisternas, rios, cuja peça principal é uma grande roda de madeira em volta da qual passa uma corda a que estão presos alcatruzes.
(109) Vésperas = seis da tarde. Matinas (meia-noite), laudes (três da manhã), primas (primeiras horas do dia, ao nascer do Sol ou cerca de seis da manhã), vésperas (seis da tarde) e completas (na hora de dormir) – Ricardo da Costa.

– E o que foi isso? – disse o Leão à Dona Raposa.

Dona Raposa contou ao Leão que, enquanto o homem fazia seu testamento, o galo cantou e o cão repreendeu o galo que cantava, pois seu senhor devia morrer. Muito se maravilhou o galo por o cão o ter repreendido por seu cantar, e o cão lhe contou como seu senhor deveria morrer, e desejava morrer, para que sua mulher vivesse.

O galo respondeu que era bom que morresse, porque ele era um homem perverso já que não sabia ser senhor de uma fêmea. Naquele momento o galo gritou para dez galinhas que tinha, reuniu todas num lugar e fez delas o que bem quis.

O galo fez isso para que o cão se consolasse da morte de seu senhor. Ambos se consolaram da morte de seu senhor, o galo cantou e o cão se alegrou. "- Companheiro", disse o cão ao galo, "se você tivesse uma mulher tão louca como tem meu senhor, o que farias se, porventura, uma mulher te colocasse à porta da morte como fez a de meu senhor?"

O galo disse que, se ele estivesse no lugar de seu senhor, cortaria cinco galhos de uma romãzeira que tinha em sua horta e bateria tanto na mulher até que todos os galhos se partissem, e ela se decidisse a beber e comer, ou a deixaria morrer de fome e sede.

O homem, que entendera as palavras do cão e do galo, se levantou do leito e fez o que o galo havia aconselhado, e sua mulher, após ter sido bem surrada, comeu, bebeu, e fez tudo o que seu marido quis[110].

Quando Dona Raposa contou o exemplo dito acima, disse que o galo era tão sábio que sabia aconselhar todas as coisas e, por isso, não era necessário que o rei aumentasse seu Conselho, especialmente porque em multidão de conselheiros existe grande desvario de diversas intenções, opiniões e vontades, e essa multidão muitas vezes transtorna o Conselho do príncipe.

Quando Dona Raposa terminou de falar, o Galo disse estas palavras:
– Um papagaio estava em uma árvore com um corvo, e sob a árvore havia um símio que colocara lenha sobre um vaga-lume, porque pensava que fosse fogo, e soprava aquela lenha com a intenção de fazer fogo para

---

[110] Esta história provém do Prólogo das Mil e uma Noites.

se aquecer. O papagaio gritava ao símio que aquilo não era fogo e sim um vaga-lume. O corvo disse ao papagaio que deixasse de querer castigar ou doutrinar quem não recebia conselho nem correção. Muitas vezes o papagaio disse ao símio que aquilo era vaga-lume e não fogo, como ele pensava, e o corvo repreendia o papagaio por querer endireitar o que é naturalmente torto. O papagaio desceu da árvore e se aproximou do símio para poder dá-lo a entender melhor sua reprovação, e tão próximo ficou do símio que ele o prendeu e o matou[111].

Quando o Galo disse esse exemplo, o rei teve opinião que aquilo era para si e fez um semblante áspero contra o Galo, um semblante de má vontade. Naquele momento, Dona Raposa prendeu o Galo e o matou, comendo-o diante o rei.

Após Dona Raposa ficar como o único conselheiro do rei – o Coelho como camareiro e o Pavão como porteiro – esteve em grande alegria, pois o rei fazia tudo o que desejava. Enquanto Dona Raposa estava nesta alegria, lembrou-se da traição que havia concebido contra o rei e, naquele momento, disse ao Elefante que cuidaria da morte do rei para que ele fosse rei. Dona Raposa desejava continuar no estado em que se encontrava, mas tinha temor que o Elefante a denunciasse. Por isso, quis tratar da morte do rei para dar ao Elefante o que lhe prometera.

---

(111) Este é mais um exempla de *Kalila e Dimna*. Llull já contara essa história em Blaquerna (*Libre d'Evast e d'Aloma e de Blaquerna, escrito em 1283 em Montpellier*), e a repetirá, com alterações dos personagens, na *Árvore da Ciência* (1295-1296): "Conta-se, disse o aguazil, que dois símios haviam colocado lenha sobre um vaga-lume, pois acreditavam que fosse fogo, e porque haviam feito isso, desejavam acender o fogo para se aquecer. A pomba disse muitas vezes aos símios que o vaga-lume não era fogo, e que lhe parecia que os símios, que desejavam ser homens, eram figuras muito feias em comparação com os homens; a garça disse à pomba que não desejava castigar o homem torto e obstinado, porque poderia daí haver dano, porque homem torto e obstinado não se deixa castigar e causa dano àqueles que o castigam. A pomba não quis acreditar no conselho que a garça lhe dava, e cuidou para que os símios não a ouvissem da outra árvore que estava. E então a pomba voou baixo na terra dos símios, e disse a eles que o vaga-lume não era fogo. Os símios pegaram a pomba, a mataram e a comeram. E a garça disse que ela havia perdido suas palavras na pomba, mas em si mesma as havia encontrado, porque do que havia dito tinha experiência" (a tradução é minha) (RAMON LLULL, *Árvore Exemplifical. Dos provérbios do tronco Imperial*, em ORL, vol. XII, tomo II, 1923, p. 375-377) – Ricardo da Costa.

VII – Da Morte de Dona Raposa

Dona Raposa não se esqueceu de tratar da morte do rei, mas esqueceu a honraria que o rei lhe fizera diante de todos os barões de sua corte. Um dia Dona Raposa disse ao Elefante que chegara a hora da morte do rei, principalmente porque tudo estava preparado, já que em sua corte não havia mais outro conselheiro, somente Dona Raposa. O Elefante por muito tempo considerou o que Dona Raposa dizia, e teve escrúpulos de consciência em consentir na morte do rei. Por outro lado, ele temia que se fosse desobediente à Dona Raposa poderia ser denunciado e morto.

Finalmente, o Elefante decidiu não se associar à Dona Raposa, porque sua consciência não lhe permitia dar morte ao rei. Por outro lado, temia que se fosse rei, Dona Raposa o traísse da mesma forma como traiu o rei, e o Elefante preferia estar em perigo de morte a cometer traição contra seu senhor natural. Enquanto o Elefante assim considerava, disse para si que assim como Dona Raposa desejava matar o rei com maestria, da mesma forma ele, com maestria, faria o rei matar Dona Raposa. "- Porque, se no corpo de Dona Raposa cabem traição, astúcia e habilidade", pensou o Elefante, "meu corpo, que é tão grande, deve caber mais ainda lealdade, sabedoria e habilidade".

– Senhor Elefante, disse Dona Raposa, o que vós considerais? E por que vós não cuidais de ser rei antes que a Serpente, que é muito sábia e astuta, retorne de sua missão?

Então o Elefante teve a idéia de esperar a Serpente chegar antes de tratar qualquer coisa contra Dona Raposa, e trataria com a Serpente a maneira com a qual o rei mataria Dona Raposa. Quando Dona Raposa viu que o Elefante negligenciava seu negócio, teve temor que a Serpente não retornasse e que o Elefante não a descobrisse.

Então Dona Raposa disse ao Elefante que se apressasse, porque se não o fizesse, ele trataria de fazê-lo de uma maneira que ele não imaginava.

O Elefante teve grande pavor da astúcia de Dona Raposa, e quis saber em qual condição desejava estar com ele quando fosse rei. Dona Raposa disse que ele desejava estar na mesma condição que estava com o rei, isto é, ser somente seu conselheiro, e que o Coelho fosse seu camareiro e o Pavão seu porteiro.

Depois que Dona Raposa disse sua condição ao Elefante, perguntou à Dona Raposa como seria a morte do rei, e Dona Raposa contou ao Elefante a maneira que havia pensado a morte do rei, dizendo estas palavras:

– Entre o Javali e o rei eu porei uma grande malevolência, pois o Javali pensa ser como o rei, em pessoa e força. Direi ao Javali que vigie o rei, pois esse deseja matá-lo, direi ao rei que vigie o Javali, pois esse deseja ser rei, e farei com que o rei mate o Javali. E quando o Javali estiver morto e o rei estiver cansado da batalha com o Javali, então tu, senhor Elefante, poderás matar rapidamente o rei e poderás ser rei.

Pela maneira pensada por Dona Raposa, o Elefante decidiu enganar Dona Raposa, e disse estas palavras:

– Vã é toda promessa sem testemunhas e, por isso, considero bom que vós, Dona Raposa, tenhais testemunhas daquela promessa que desejais que eu faça, isto é, que sejais somente meu conselheiro, que o Coelho seja meu camareiro e que o Pavão seja meu porteiro. Porque sem testemunhas, se eu negasse vossa promessa, vós o poderíeis provar, e eu, se porventura fosse rei, não teria tanta obrigação de vos honrar quanto faço agora que não sou rei, e vós sois conselheiro do rei.

Dona Raposa considerou por muito tempo o que o Elefante disse, e teve pavor que as testemunhas descobrissem sua traição. Quando o Elefante viu Dona Raposa estar pensativo, disse à Dona Raposa que as melhores testemunhas que ele poderia ter eram o Coelho e o Pavão, que temiam Dona Raposa e teriam prazer de serem seus oficiais. E não precisava ter temor que eles descobrissem qualquer coisa secreta sua.

Dona Raposa considerou bom o conselho que o Elefante lhe deu, e este, na presença do Coelho e do Pavão, firmou sua promessa, e o Coelho e o Pavão prometeram segredo ao Elefante e à Dona Raposa.

Depois dessas palavras, o Elefante aconselhou Dona Raposa que dissesse primeiramente ao Porco[112] que o rei desejava matá-lo e depois ao rei. Dona Raposa foi primeiramente falar com o Porco e o Elefante, enquanto

---

(112) No original está exatamente assim: primeiramente Llull chama a besta de Javali, e nesta passagem de Porco. Preservamos o texto como está no original (N. dos T.).

isso, falou com o rei, disse tudo o que Dona Raposa havia planejado, e pediu perdão ao rei por ter concebido traí-lo. Disse-lhe ainda como estava arrependido e como amava mais ser um súdito leal que um rei traidor.

– Como, disse o Leão, eu posso estar certo que o que vós dizeis, Elefante, seja verdade?

O Elefante disse que o rei poderia saber o que Dona Raposa havia feito, pois em seu Conselho não havia mais nenhuma outra besta a não ser Dona Raposa, o Coelho e o Pavão, que o temiam por natureza, e estes Dona Raposa os trouxera para a casa do rei.

– Além disso, senhor Leão, vos darei outra certeza: como Dona Raposa foi até o Javali e lhe disse que vós desejais matá-lo, dirá a mesma coisa a vós que o Javali deseja matá-lo e vos aconselhará a mostrar um semblante orgulhoso ao Javali para que o Javali acredite ser verdade o que Dona Raposa lhe disse.

Após estas palavras, o Elefante disse ao rei que o Coelho e o Pavão tinham consentido com sua morte. O rei ficou muito maravilhado que Dona Raposa, a quem havia feito tanta honraria, pudesse conceber engano e pecado contra ele. E disse estas palavras:

– Ouvi de meu pai que meu avô, que era rei de uma grande terra, desejou rebaixar os barões, aos quais pertencem as honras, e desejou exaltar as vis bestas, às quais não convêm honraria, entre as quais estava o Símio, que foi muito honrado. Aquele Símio, por ser semelhante ao homem, teve desejo de ser rei, e concebeu, no lugar da honraria, uma traição contra meu avô.

– Senhor, disse o Elefante, numa taça pequena não pode caber muito vinho, nem em uma pessoa que seja de lugar vil pode caber honraria e grande lealdade. Por isso, é bom que vós mateis Dona Raposa, tenhais bom Conselho, sejais livre em vosso senhorio e não submetais a nobreza que Deus vos deu por linhagem e ofício a uma malvada pessoa[113].

Após estas palavras, o Elefante foi ao Javali, com quem Dona Raposa havia falado, e disse que sabia o que Dona Raposa lhe dissera. Assim, o Elefante disse ao Javali o que Dona Raposa lhe disse. O Javali se maravilhou como o Elefante sabia disso, e o Elefante contou-lhe todo o feito.

Enquanto o Elefante falava com o Javali, Dona Raposa foi ao Leão e

---

(113) Interessante passagem que exprime com clareza a idéia medieval de ordem social, isto é, todos estão nos seus devidos lugares e sempre deverão estar – Ricardo da Costa.

lhe disse que o Javali desejava matá-lo. Então o Leão entendeu que Dona Raposa desejava traí-lo. O rei reuniu muitos barões diante de si, entre eles o Elefante, o Javali, Dona Raposa, o Coelho e o Pavão.

Diante de todos, o Leão ordenou ao Coelho e ao Pavão que lhe dissessem a verdade sobre o testemunho que haviam prometido fazer à Dona Raposa após a sua morte. O pavor do Coelho e do Pavão foi muito grande[114], mas muito maior foi o de Dona Raposa, que disse ao rei estas palavras:

– Senhor rei, para provar que vossos barões são bons e leais, eu disse o que disse ao Elefante, e disse o mesmo ao Javali. Do Coelho e do Pavão asseguro-vos que não falei ao que o Elefante me acusa.

Dona Raposa confiava que o Coelho e o Pavão, por tanto o temerem, não ousariam acusá-lo ao rei, nem revelariam nada. Após Dona Raposa ter falado, o rei olhou horrivelmente para o Coelho e o Pavão, e gritou um urro muito grande a fim de que a natureza de seu alto senhorio tivesse maior virtude na consciência do Coelho e do Pavão do que a natureza por força da qual o Coelho e o Pavão têm pavor de Dona Raposa.

Quando o Leão deu o grande urro, disse furiosamente ao Coelho e ao Pavão que dissessem a verdade, e o Coelho e o Pavão não puderam conter-se e disseram a verdade ao rei. E naquele mesmo instante o rei pessoalmente matou Dona Raposa.

Depois que Dona Raposa fora morta, a corte do rei desfrutou de um bom estamento. O rei fez o Elefante, o Javali e outros, honrados barões de seu Conselho, e expulsou o Coelho e o Pavão.

Está terminado o *Livro das Bestas* que Félix levou a um rei a fim de que ele, olhando o que fazem as bestas, visse a maneira segundo a qual deve reinar e como se deve proteger dos malvados conselhos e dos homens falsos[115].

---

(114) Um sentimento mau, neste caso o medo da Raposa dominava o Coelho e o Pavão, impedindo-os de manifestar a verdade. O gênio imaginativo e fecundo de Llull mostra, assim, de modo claro e definitivo, como seria impossível a uma sociedade reconhecer a verdade – e, por conseguinte, crescer em conhecimento e desenvolver-se – se esta não impregnasse a conduta das pessoas. E para tanto, torna-se necessário corrigir os sentimentos. Somente pouco depois, quando o urro do Leão propiciar, no Coelho e no Pavão, a troca de seu sentimento mau - o medo de dizer a verdade - por outro bom - o medo de mentir -, é que a verdade triunfará e, tornando-se patente a todos, poderá servir como guia e regra de seu auto-governo. - Esteve Jaulent.
(115) Todos os especialistas são unânimes em afirmar que este rei é Filipe, o Belo, da França (1285-1314 n. 1268).

LISTA DE SIGLAS DAS PUBLICAÇÕES E FONTES LULIANAS

EL — Palma de Mallorca: *Estudios Lulianos. Revista cuatrimestral de Investigación Luliana y Medievalística*. Maioricensis Schola Lullística, Instituto Internacional del Consejo Superior de Investigaciones Cientificas, 1957-1998, XXXVIII volumes, 94 números.

GGL — COLOM I MATEU, Miquel. *Glossari General Lul.lià*. Mallorca: Editorial Moll, 1982-1985, 05 volumes.

NEORL — *Nova Edició de les Obres de Ramon Llull*. Palma de Maiorca: Patronat Ramon Llull. Continuação das ORL.

ORL — *Obres de Ramon Llull* (ed. S. Galmés e outros). Palma de Mallorca: 1906-1950, XXI volumes.

OE — *Obres Essencials*. Barcelona: Editorial Selecta, 1957-1960, 02 volumes.

OS — *Obres Selectes de Ramon Llull (1232-1316)* (ed. introd. i notes de Antoni Bonner). Mallorca: Editorial Moll, 1989, 02 volumes.

ROL — *Raimundi Lulli Opera Latina* (ed. F. Stegmüller e outros. Palma de Maiorca para os 5 primeiros volumes e Bélgica, Turnhout a partir do sexto volume, 1959-). Edição crítica levada a cabo pelo *Raimundus-Lullus-Institut*, Albert-Ludwigs-Universität, Alemanha.

SL — *Studia Lulliana*. Palma de Mallorca: Maioricensis Schola Lullística (1991-), continuação da revista *Estudios Lulianos* (EL).

FONTES

ANDRÉ CAPELÃO. *Tratado do amor cortês* (século XII). São Paulo: Martins Fontes, 2000.

DANTE ALIGHIERI. *A Divina Comédia* (trad. Ítalo Eugenio Mauro). São Paulo: Editora 34, 1998.

HUGO DE SÃO VÍTOR. *Didascálicon. Da Arte de Ler* (introd. e trad. de Antonio Marchionni. Petrópolis: Editora Vozes, 2001.

IBN AL-MUKAFA. *Calila e Dimna* (trad. e apres. de Mansour Challita). Rio de Janeiro: Associação Cultural Internacional Gibran, s/d.

Obras completas del Pseudo Dionisio Areopagita. Biblioteca de Autores Cristianos (BAC). Madrid: MCMXC

RAIMUNDO LÚLIO. *Livro do Amigo e do Amado* (introd., trad. e estudos de Esteve Jaulent). São Paulo: Edições Loyola / Leopoldianum, 1989.

RAMON LLULL. "Fèlix o el Libre de Meravelles". *In: Obres Selectes de Ramon Llull (1232-1316)* (ed. introd. i notes de Antoni Bonner). Mallorca: Editorial Moll, 1989, volume 2, p. 19-393.

RAMON LLULL. *O Livro da Ordem de Cavalaria* (apres., trad. e notas de Ricardo da Costa). São Paulo: Editora Giordano / Instituto Brasileiro de Filosofia e Ciência Raimundo Lúlio, 2000.

RAMON LLULL. *Vida Coetânia*. Publicado na *INTERNET*: www.ricardocosta.com

SÃO BOAVENTURA. *Redução das Ciências à Teologia* (trad. e posfácio de Mário Santiago de Carvalho). Porto: Colecção Filosofia – Textos, Porto Editora, 1996.

SÃO FRANCISCO DE ASSIS. *Escritos e biografias de São Francisco de Assis. Crônicas e outros testemunhos do primeiro século franciscano*. Petrópolis: Editora Vozes, 1997.

TOMÁS DE AQUINO. *Tratado de Deus Único em Essência*. São Paulo: Edições Loyola, 2001.

BIBLIOGRAFIA

ABBAGNANO, Nicola. *Dicionário de Filosofia*. São Paulo: Martins Fontes, 1998.
ALFONSO, Martha. "Comparación entre el *Félix* de Ramón Llull y El *Caballero Cifar*, novela caballeresca a lo divino". *In: EL 12* (1968), 77-81.
FRIAÇA, Amâncio. "A unidade do saber nos céus da Astronomia medieval". *In*: MONGELLI, Lênia Márcia (coord.). *Trivium & Quadrivium. As artes liberais na Idade Média*. Cotia, São Paulo: Editora Íbis, 1999, p. 289-329.
FRIAÇA, Amâncio. "A corte e as estrelas: a Astronomia durante o Renascimento Carolíngio". *In: Signum 2. Revista da ABREM - Associação Brasileira de Estudos Medievais*. São Paulo, 2000, p. 149-166
BATLLORI, Miquel. "Introducció". *In: OE*, vol. I, p. 311-317.
BALANDIER, Georges. *O Poder em Cena*. Brasília: Editora UnB, 1982.
BERLIOZ, Jacques e DE BEAULIEU, Marie Anne Polo (org.). *Les exempla médiévaux: nouvelles perspectives*. Paris: Honoré Champion, 1998.
BLACKBURN, Simon. *Dicionário Oxford de Filosofia*. Rio de Janeiro: Jorge Zahar Editor, 1997.
BONNER, Anthony i BADIA Lola. *Ramon Llull. Vida, pensament i obra literària*. Barcelona: Editorial Empúries, s/d.
BONNER, Antoni. "Introducció". *In: Obres Selectes de Ramon Llull (1232-1316)* (ed. introd. i notes de Antoni Bonner). Mallorca: Editorial Moll, 1989, vol. II.
BURKE, Peter. *Sociologia e História*, Lisboa, Edições Afrontamento, 1980.
CAHEN, Claude. *Oriente y Occidente en tiempos de las cruzadas*. México: Fondo de Cultura Económica, 1989.
CANALS VIDAL, Francesc. "El principio de conveniencia en el núcleo de la metafísica de Ramon Llull". *In: Actas del II Congreso Internacional de Lulismo*. Palma de Mallorca, 1979, p. 199-207.
CANDÉ, Roland. *História Universal da Música*. São Paulo: Martins Fontes, 1994.
CARDOSO, Ciro Flamarion. "Utopias Helenístico-Romanas". *In: Phoînix/ UFRJ. Laboratório de História Antiga*, Rio de Janeiro, Sette Letras, 1997.
CARRERAS Y ARTAU, Tomás y Joaquín. *Historia de la Filosofia*

Española. Filosofia cristiana de los siglos XIII al XV. Madrid: Real Academia de Ciencias Exactas, Físicas y Naturales, 1939, vol. I.

COHEN, Gustave. *La vida literaria en la Edad Media (La literatura francesa del siglo IX ao XV)*. México: Fondo de Cultura Económica, 1997.

COLOM MATEU, Miquel. *Glossari General Lul.lià*. Mallorca: Editorial Moll, 1982-1985, 05 volumes.

COSTA, Ricardo da. *A Guerra na Idade Média. Um estudo da mentalidade de cruzada na Península Ibérica*. Rio de Janeiro: Edições Paratodos, 1998.

COSTA, Ricardo da. *A Árvore Imperial – Um Espelho de Príncipes na obra de Ramon Llull (1232-1316)*. Niterói: Universidade Federal Fluminense (UFF), Tese de doutoramento, 2000.

COSTA, Ricardo da e COUTINHO, Priscilla Lauret, "Entre a Pintura e a Poesia: o nascimento do Amor e a elevação da *Condição Feminina* na Idade Média", em Nilda GUGLIELMI (dir.), *Apuntes sobre familia, matrimonio y sexualidad en la Edad Media. Colección Fuentes y Estudios Medievales 12*, Mar del Plata, GIEM (Grupo de Investigaciones y Estudios Medievales), Universidad Nacional de Mar del Plata (UNMdP), diciembre de 2003, p. 4-28. (Internet: http://www.ricardocosta.com/pub/amor.htm)

CROUZET, Maurice (dir.). *História Geral das Civilizações. A Idade Média. O período da Europa feudal, do Islã turco e da Ásia mongólica (séculos XI-XIII)*. Rio de Janeiro: Bertrand Brasil, 1994, vol. VII.

CURTIUS, Ernest Robert. *Literatura Européia e Idade Média Latina*. São Paulo: HUCITEC, 1996.

DAGENAIS, J. "New considerations on the Date and Composition of Llull's Libre de bèsties". *In*: *Actes del Segon Col.loqui d'Estudis Catalans a Nord-Amèrica*. Yale, 1979 (Montserrat, 1982), p. 131-139.

DALARUN, Jacques. "Olhares de clérigos". *In*: DUBY, Georges e PERROT, Michelle (dir.). *História das Mulheres no Ocidente*. Porto: Edições Afrontamento - São Paulo: Ebradil, s/d, p. 29-63.

DAVIS, Natalie Zemon. *Histórias de perdão e seus narradores na França do século XVI*. São Paulo: Companhia das Letras, 2001.

DE CANDÉ, Roland. *História Universal da Música*. São Paulo: Martins Fontes, 1994.

DE LIBERA, Alain. *Pensar na Idade Média*. São Paulo: Editora 34.

DEMURGER, Alain. *Auge y caída de los Templarios (1118-1314)*, Barcelona, Ediciones Martínez Roca, 1986.

DOMÍNGUEZ REBOIRAS, Fernando. "El discurso luliano sobre María". *In*: *Gli Studi di Mariologia Medievale Bilancio Storiografico. Atti del I Convegno Mariologico della Fondazione Ezio Franceschini con la collaborazione della Biblioteca Palatina e del Dipartimento di storia dell'Università di Parma* (a cura di Clelia Maria Piastra). Parma: Sismel, Edizioni Del Galluzzo, 7-8 novembre 1997, p. 288.

DUBY, Georges. *Guilherme Marechal ou o melhor cavaleiro do mundo*. Rio de Janeiro: Graal, 1987.

DUBY, Georges e LARDREAU, Guy. *Diálogos sobre a Nova História*. Lisboa: Publicações Dom Quixote, 1989

DUBY, Georges. *A Idade Média na França (987-1460). De Hugo Capeto a Joana D'Arc*, Rio de Janeiro, Jorge Zahar Editor, 1992.

DUBY, Georges. *Heloísa, Isolda e outras damas no século XII*. Rio de Janeiro: Companhia das Letras, 1995.

DUBY, Georges. *Idade Média, Idade dos Homens. Do amor e outros ensaios*. São Paulo: Companhia das Letras, 2001.

ECO, Umberto, *Arte e Beleza na Estética Medieval*. Rio de Janeiro: Editora Globo, 1989.

FOURQUIN, Guy. *História Económica do Ocidente Medieval*. Lisboa: Edições 70, 1986.

FRANCO JR., Hilário. *As utopias medievais*, São Paulo: Brasiliense, 1992.

FRANCO JR., Hilário. *Cocanha. A história de um país imaginário*, São Paulo, Companhia das Letras, 1998.

FRIAÇA, Amâncio. "A unidade do saber nos céus da Astronomia medieval". *In*: MONGELLI, Lênia Márcia (coord.). *Trivium & Quadrivium. As artes liberais na Idade Média*. Cotia, São Paulo: Editora Íbis, 1999, p. 289-329.

GALERA, Andrés. *El Libro de Maravillas*: http://terravista.pt/Guincho/7933/bgalera.htm#_ftnref14.

GARCIA VILLOSLADA, Ricardo. *Historia de la Iglesia Católica II. Edad Media (800-1303)*. Madrid: Biblioteca de Autores Cristianos [BAC], 1963.

HAMES, Harvey J. "Ramon Llull y su obra polemica contra los judios". *In*: DEL VALLE RODRÍGUEZ, Carlos (ed.). *La controversia judeocristiana en España (Desde los orígenes hasta el siglo XIII)*. Madrid: Consejo Superior de Investigaciones Científicas, 1998.

HESPANHA, António Manuel. *História das Instituições. Épocas medieval e moderna*. Coimbra: Livraria Almedina, 1982.

HILLGARTH, J. N. *Ramon Lull and Lullism in Fourteenth-Century France*. Oxford: Clarendon Press, 1971.

HILLGARTH, J. N. *Los reinos hispánicos, 1250-1516. Vol. I, 1250-1410: Un equilibrio precario*. Barcelona-Buenos Aires-Mèxic: Ediciones Grijalbo, 1979.

GARCIAS PALOU, Sebastian. *El Miramar de Ramon Llull*. Palma de Mallorca: Instituto de Estudios Baleáricos, Consejo Superior de Investigaciones Cientificas, 1977.

GONZÁLEZ CASANOVAS, Roberto J. *La novela ejemplar de Ramón Llull: Interpretaciones literarias de la misión*. Barcelona: Ediciones Jucar, 1998.

GUENÉE, Bernard. *O Ocidente nos séculos XIV e XV. Os Estados*. São Paulo: EDUSP, 1981.

JAULENT, Esteve. "Capítulos Introdutórios". *In*: RAMON LLULL. *Livro das Bestas*. São Paulo: Editora Giordano / Edições Loyola, 1990, p. 13-31.

JAULENT, Esteve. "La nova perspectiva de l'acte a l'Ars lul.liana". *In*: *MIRANDUM*. São Paulo: USP-Mandruvá, V, 1999, n.º 7, p. 21-34.

JAULENT, Esteve. "Os problemas enfrentados por Lúlio em Paris: a cruzada e a luta contra o averroísmo". *In*: RAIMUNDO LÚLIO. *Escritos Antiaverroístas (1309-1311): Do nascimento do menino Jesus, Livro da lamentação da Filosofia*. Porto Alegre: Edipucrs, 2001, p. 09-28.

JOHNSON, Paul. *História dos Judeus*. Rio de Janeiro: Imago, 1989.

JOHNSON, Paul. *História do Cristianismo*. Rio de Janeiro: Imago, 2001, p. 167-186.

KANTOROWICZ, Ernst H. *Os dois corpos do rei. Um estudo sobre teologia política medieval*. São Paulo: Companhia das Letras, 1998.

LE GOFF, Jacques, *A civilização do Ocidente Medieval*. Lisboa: Editorial Estampa 1984, vol. II.

LE GOFF, Jacques. *A Bolsa e a Vida. Economia e religião na Idade Média*. São Paulo: Editora Brasiliense, 1989.

LE GOFF, Jacques. *O Imaginário Medieval*. Lisboa: Editorial Estampa, 1994.

LE GOFF, Jacques. *São Luís. Biografia*. Rio de Janeiro: Editora Record, 1999.

LEWIS, Bernard. *Judeus do Islã*. Rio de Janeiro: Xenon Editora, 1990.

LOPEZ, Robert. *O nascimento da Europa*. Lisboa: Edições Cosmos, 1965.

LOT, Ferdinand. *O fim do mundo antigo e o princípio da Idade Média*. Lisboa: Edições 70, 1985.

MALAXECHEVERRÍA, Ignacio. *Fauna Fantastica de la Peninsula Iberica*. San Sebastian: KRISELU Editor, 1991.

MICHAUD, J. F. *Histoire des Croisades*, Paris, 1817-1822, 05 volumes, tomo VI.

MICHEAU, Françoise. "A idade de ouro da medicina árabe". *In*: LE GOFF, Jacques (apres.). *As doenças têm história*. Lisboa: Terramar, 1985, p. 57-77.

MONSERRAT QUINTANA, Antonio. *La visión luliana del mundo del derecho*. Barcelona: Institut d'Estudis Baleàrics, 1987.

OLIVER, Antonio. "*Ecclesia* y *Christianitas* en Inocencio III". *In*: *EL*, vol. I, 1957.

PASTOREAU, Michel. *Figures et couleurs. Études sur la symbolique et la sensibilité médiévales*. Paris: Léopard, 1986.

PERNOUD, Régine. *Os templários*, Lisboa, Publicações Europa-América, s/d.
PÉRNOUD, Regine. *Luz sobre a Idade Média*. Lisboa: Publicações Europa-América, s/d.
PERNOUD, Régine. *Hildegard de Bingen. A consciência inspirada do século XII*. Rio de Janeiro: Rocco, 1996.
RAMIS i SERRA, P. "Llibre de les Bèsties: El Príncipe y la sociedad". *In*: *Estudios Lulianos. Revista cuatrimestral de Investigación Luliana y Medievalística*. Palma de Mallorca: Maioricensis Schola Lullística, Instituto Internacional del Consejo Superior de Investigaciones Cientificas, vol. XXXI, 1991, p. 149-165.
REALE, Giovanni e ANTISERI, Dario. *História da Filosofia I*. São Paulo: Edições Paulinas, 1990.
ROMEU I FIGUERAS, Josep. "Glossari de mots". *In*: RAMON LLULL: *Obres Essencials*. Barcelona: Editorial Selecta, 1960, vol. II, pp. 1377-1395.
ROUGEMONT, Denis de. *O Amor e o Ocidente*. Rio de Janeiro: Editora Guanabara, 1988.
RUBIÓ I BALAGUER, Jordi. *Ramon Llull i el lul.lisme*. Departament de Cultura de la Generalitat de Catalunya, Publicacions de l'Abadia de Montserrat, 1985.
SANTAMARÍA, Álvaro. "Creacion de la corona de Mallorca: las disposiciones testamentarias de Jaime I". *In*: *Mayurqa 19*. Universitat Palma de Mallorca, Facultat de Filosofia i Lletres, p. 125-144.
SAUNIER, Annie. "A vida quotidiana nos hospitais da Idade Média". *In*: LE GOFF, Jacques (apres.). *As doenças têm história*. Lisboa: Terramar, 1985, p. 205-220.
SCHMITT, Jean-Claude. *Os vivos e os mortos na sociedade medieval*. São Paulo: Companhia das Letras, 1999.
SKINNER, Quentin. *As fundações do pensamento político moderno*, São Paulo: Companhia das Letras, 1996.
SORLIM, Pierre. *O anti-semitismo alemão*. São Paulo: Perspectiva, 1974.
STRAYER, Joseph R. *As origens medievais do estado moderno*. Lisboa: Gradiva, s/d.
TUCHMANN, Barbara W. *Um Espelho Distante. O terrível século XIV*. Rio de Janeiro: José Olympio Editora, 1990.
VAZ, Henrique C. de Lima. *Experiência mística e filosofia na tradição ocidental*. São Paulo: Edições Loyola, 2000.
VILLOSLADA, Ricardo Garcia. *Historia de la Iglesia Católica II. Edad Media (800-1303)*. Madrid: Biblioteca de Autores Cristianos (BAC), 1963.
YATES, Frances A. *Lulio y Bruno. Ensaios reunidos*. México: Fondo de Cultura Económica, 1996.

IMPRESSÃO E ACABAMENTO:
OCEANO IND. GRÁFICA – (11) 4446-6544

• 2006 •